U0694747

文房典藏

罗自正 编著

罗氏藏品精选

上海古籍出版社

**图书在版编目（ＣＩＰ）数据**

文房典藏 ：罗氏藏品精选 / 罗自正编著. -- 上海 ：
上海古籍出版社，2014.11
　　ISBN 978-7-5325-7291-5
　　Ⅰ．①文… Ⅱ．①罗… Ⅲ．①文化用品－收藏－中国
Ⅳ．①G894
　　中国版本图书馆CIP数据核字(2014)第111793号

---

责任编辑：孙　晖
数码摄影：罗自正
装帧设计：黄　琛
技术编辑：王建中

# 文 房 典 藏
## 罗氏藏品精选
罗自正　编著

上海世纪出版股份有限公司
上海 古 籍 出 版 社　出版
（上海瑞金二路272号　邮政编码 200020）

　　(1) 网　　址：www.guji.com.cn
　　(2) E-mail：guji1@guji.com.cn
　　(3) 易文网址：www.ewen.co

上海世纪出版股份有限公司发行中心发行经销
上海界龙艺术印刷有限公司印刷
开本 889×1092　1/16　印张 17.5
2014年11月第1版　2014年11月第1次印刷
印数：1-600
ISBN 978-7-5325-7291-5/J.490
定价：380.00元
如发生质量问题，请与承印公司联系

鉴赏好玩靓丽的东西是没有一定准则的，只要是卓尔非凡的旷世孤品、稀罕珍品，必定能经得起读者的品赏及历史的验证。

瞿耀

二〇一四年十月

上海书法篆刻家高式熊书（一）（93岁）

上海书法篆刻家高式熊书（二）

上海书法篆刻家高式熊书（三）

上海书法篆刻家高式熊书（四）

人似浮雲影不留

事如芳草春長在

癸巳春正月高式熊時年九一有二

上海书法篆刻家高式熊书（五）

上海海派画家龚继先画（一）

上海海派画家龚继先画（二）

上海海派画家龚继先画（三）

中国篆刻学院院长韩天衡书（一）

中国篆刻学院院长韩天衡书（二）

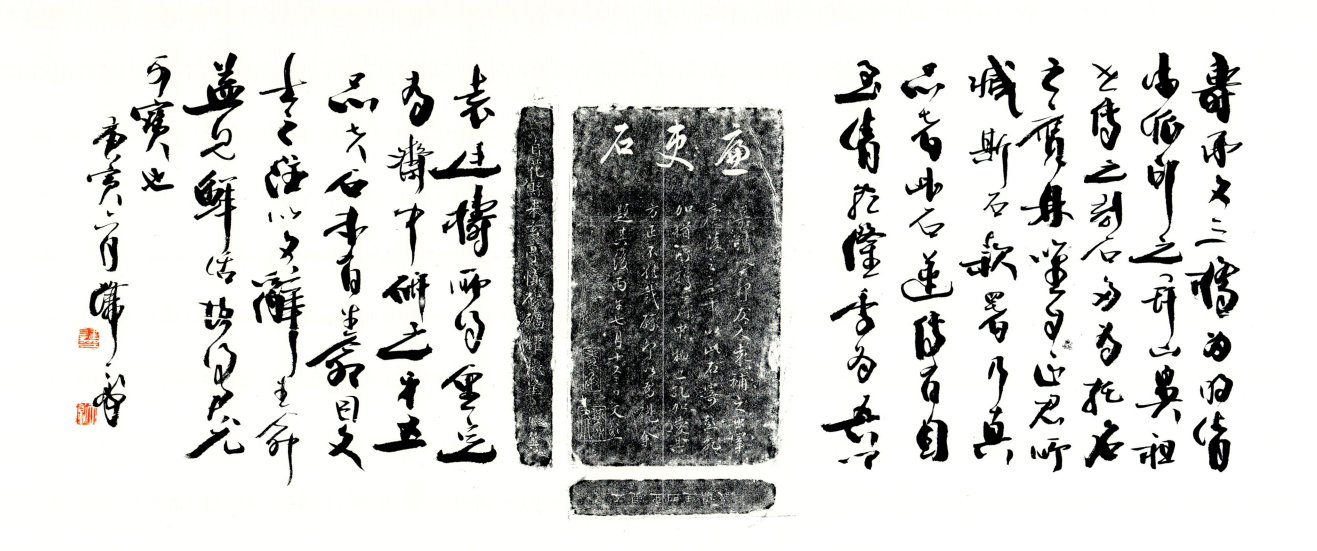

文彭刻廉吏石砚韩天衡鉴定书

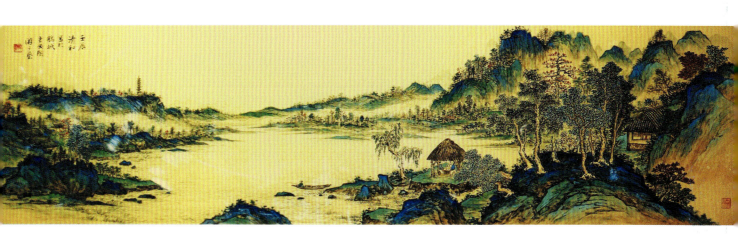

香港山水画院院长游于艺画

上海钟馗画院院长董之一画

# 目　录

# 中国艺术品巅峰作品回眸（代前言）

我的前言说的是中国艺术品巅峰作品回眸。此处无声胜有声，对印石学者、雕刻学者、古砚学者、古墨学者、古瓷学者、书法学者、篆刻学者、竹木牙雕学者，读此书是必不可少之机会，并能接触中国五千年来的文化象征。

我于一九八二年临时从上海进入深圳，帮外商打了三年工，环境相当艰苦，当时深圳刚宣布为特区，想不到就等于第二次上山下乡，不但没挣到钱（在安徽插队落户我还能一年挣到一百多元）在精神上还受到折磨，真是一言难尽，只能把这一段黑暗阴影的日子铭刻在心里，太难把它遗忘，心中苦衷难以解释。但有一点我看到、听到、学到了当时老板是怎样能赚到钱的门道。讲穿了就是刻苦、剥削、欺压等高压手段，因你是穷人，只能出苦力。一九八五年后，机会来了，经熟人的介绍碰到了一位高人，在他的指引下，也同时靠我香港打工的二哥尽力帮助下，花了很大的力量，获得调入深圳工作的机会。当时调入深圳的政策相当严格，要大学文凭、特殊人才、文化考核，可我什么都没有，只是一个六九届所谓的初中生，在小学五年级就卷入了"文化大革命"的漩涡之中，可想我的水平也就是加、减、乘、除，在这种情况下要通过政府机构的文化考试对我来说比登天还难。就在进退两难之时，又是这位高人再一次指点我，在他的指引下，经办调令的大官在我的商调表格上批下十二个金字"特殊工种，免去考试，即给办理"，我拿着此"圣旨"在三天内来回上海，办妥了调入深圳的户籍及工作，进入了深圳最大的外贸公司，总算较顺利闯过了第一关。

调入深圳外贸公司后，学做生意更不容易，烦恼头痛迎面而来，几个月下来，一事无成，从哪里下手呢？整天像无头苍蝇乱飞乱闯。但在此大公司有个好处，有资金、有全国进出口报关权、有各种批文许可证。天无绝人之路，慢慢认识了一些做电子零件生意的老板，委托我进口电子零配件，另外客户委托我出口文房四宝，慢慢地认识了国内外做文房四宝的代理商。几桩买卖成功后，也给公司赚了钱，与外商建立了互相认可的信誉，走上了正路，生意越做越红，一直做到现在。实践证明客户就是资本，就是我的上帝，他们给了我生存的机会，给我创造了财富，给我能有机会收到此本书中的藏品，也能给大家一个启示：只要努力、勤奋，机会人人有的，要眼明手快，不能错过，正所谓过了这个村就没有下个店；机不可失，时不再来。下面要讲的经典故事就能证明此理。

### 故事之一

一九八七年开始我从事专业外贸出口文房四宝到中国香港及日本，生意中认识了一批知名度很高的国内厂家与日本客户、中国香港专营公司，顺理成章进入了正常销售渠道，成熟了，出口纸砚笔墨生意也做大了，在国内厂家与国外同行中稍有名气，常被邀请去日本、香港考察，使我眼光与专业水平有进一步提高，更上一层楼，赚了钱，同时也被卷进了水深难测的古玩漩涡之中。在经营文房四宝生意中，时常接触到各种文房杂件。记得在一九八八年某日，我去深圳博雅艺术公司二楼办理该公司委托我出口一批文房四宝运到香港专营公司的手续后，一楼是专营文物商店，王经理及王女士（现为博雅文物商店经理）要我进去看看，我第一次正面接触到这些旧东西，同时，他们介绍我看一对青花官窑赏瓶，说刚从上海文物商店调剂过来（当时，国营文物商店性质是各省市文物互相调剂机制）。这对赏瓶调剂价三万元，开我价是五万元。我当时刚刚承包了外贸进出口部门，因客户厂商是跟我走的，胆子大了点，退掉了公司给的二房一厅及享受的种种国营待遇，从零开始。有了无形资本好办事，幸好前几天出口了一批文房四宝纸

图一
大清光绪年制青花赏瓶一对（清代）

砚笔墨赚了几万元。一眼货，赏瓶也蛮亮丽的，但任何概念都没有，反正对此方面是一片空白，"胆大有官做"，买了再说，好像还是支票付的钱。我也没有地方存放，就一直寄放在该店仓库里，一放就是八年，等我想起此事找到文物商店，王经理说："是用你的名字寄放在库房里，你不要提回去了，我店里再开一张支票给你，价格可以翻一两翻。"我没在意，一九九六年我自己买了房子就提了回来，事后上海文物商店经理还追到我处，要把这对瓶要回去，价格由我开，我更没在意。现在看来当初稀里糊涂买了，经过市场洗炼、提高了身价，这是我买的第一宗旧东西（图一，详见本书第126页）。

### 故事之二

那还是刚刚进入做文房四宝的起步价段，大约在一九八八年，我出差去上海几家有关工厂，其中有做印泥的上海西泠印社、上海老周虎臣笔厂、上海墨厂，此三个厂与我的关系最牛，关系相当好，外商订单一到，此三个厂即刻安排生产供货，供不应求，拿到货就能赚钱，生意做的很红火，名声也从这里开始影响到整个行业了。

去广东路西泠印社工厂时必经过上海文物商店，一天在店外看到橱窗里放的文房古玩，很随意进商店兜了一圈，无意中看到一套茶具蛮鲜艳、五彩缤纷，一眼看上去就非同一般，真的，我当时对这些玩意儿一窍不通，就凭感觉，和兜兜里有几个钱，就认可它了，完全与前一桩买一对青花瓶一样没有任何概念，全凭感觉，新鲜好玩，当时根本没有做功课的念头，就轻意买下了。此套"日本江户期五彩开光九谷瓷"茶具，这是以后做功课才认识它的。

想起当初就是花了五千元就买到了日本最经典的"九谷瓷"，也是日本国的国宝（图二，详见本书第128页）。

图二

九谷瓷茶具一套
（日本江户时期）

## 故事之三

一天，我与某香港客户在通电话洽谈生意中，他无意说收到有一对乾隆朝将军洞芙蓉对章，有名有款，还有小叶紫檀盒装，他讲的无意，我听的有意。但客人说，已被台湾客人要了，两天内会来取走，价格也已谈妥了，今晚正好这客户要过关到深圳与我聚会，我与此客人约好每星期六来深圳聚餐吃饭，雷打不动，我心里很想看这对印章，因经过时间的磨炼懂了点，有小叶紫檀盒装的肯定是好东西，就想法叫客人先带给我看看、欣赏一下，说自己有看好东西的习惯，想认识一下此方面题材。当晚，客人真的带过深圳给我认识欣赏了，一眼货，爱不释手，好东西！怎么开口能留下此对我很喜欢的对章呢？头脑里马上想出馊注意，我对客人说：东西是乾隆期的，是旧东西，但明晚你能带回香港吗？不怕海关查到走私文物罪

**图三**

寿山石将军洞芙蓉对章
（清代，林雨苍款）

名（因国家规定乾隆期前是绝对不能出关的），查出要扣人、罚款、入黑名单，对香港人来说是最害怕的事，我客户知道问题的严重性，问我："你要不要此对章？"正中我下怀，他开出的价格与给台湾客人的价格一样，折人民币五万元，我欣然接受了。此对章在中央电视台寻宝节目到广东东莞市寻宝会上，在杂项组压倒千万件，获评审团共识，得到杂项组第一名，评估价超百万元（图三，详见本书第10页）。

## 故事之四

某日，我一位香港艺术有限公司的客人来电告诉我，近日他收到了几方旧砚台，叫我去看看。我对此方面的旧东西没有太大的兴趣，因为我毕竟做文房四宝，端砚、歙砚成批千万方出口，什么端砚老坑、麻子坑和坑仔，歙砚眉子纹、金星水浪纹多是绝品，看得多啦，不稀罕。尤其安徽歙砚厂原杨厂长（后来当

黟县县委书记），来深圳委托我打开日本市场，使我与工厂交上了最好的朋友。后来生意做得很大。我客户又来电话催我去时，天气预报说，明后天有大台风。在八九月份台风特别多，真的第二天台风来了，风大的不得了，一切交通、市面都停下了，风暴乱了两天后，在老板催促下我无奈地去了香港老板的艺术公司。老实讲，当时市场上对这些破旧砚台很少问津，但日本人很喜欢的（这是后来了解到的）。我的老板也没有日本客源，所以叫我去看看，他知道我有此方面客源，但都是做新砚台的，我对此方面的认识学问，价格等更加一片空白，但有一点已经懂了，有原装红木盒可能是精品，另一方面砚台上面刻满字肯定有点名堂。最后我挑选了一方红木盒装的，另一方面上刻了很多字的。客户开出的价格我也接受了。我有一个习惯，一般自己的好客户买卖从来不还价，一槌定音。此两方砚台买回来后，慢慢才了解到此砚台含义深刻，极有收藏价值非凡，老天有眼，大台风刮走了老板其他客户，就好像特地等我去取的。事后，我坚信一条：是天意、命运决定了该你的就是你的（图四，详见本书第146页；图五，详见本书第131页）。

图四
端石大西洞石涛用砚
（清代，石涛款）

图五
文彭刻廉吏石砚
（明代）

### 故事之五

在最近几年收藏中刮起一股玩烂木头沉香风气。某日，古玩市场一位很熟的小老板，打电话叫我去看看，拿出一件金丝棋楠荷叶沉香盘（据小老板说的），反面还有款，我很为难，平时看到此类沉香古玩店，就看上去是一堆烂木头，从来不进去看一看，完全缺乏此方面资料，头脑里完全是一片空白，只不过听说，烂木头很贵，而这次小老板说不同，此香盘是好东西，他等着钱用，凑着钱要买一件海南黄花梨（简称"海黄"）大件，拿出藏了好几年的香盘要转让给我。我把香盘正反面一看，确实是件老东西，雕工精细，包浆老到，还有底款。综合以上，我认定是件不可多得的好东西，小老板开价二位数，我还掉一点就成交了，可身边金卡上是空的（空的日子多），没有钱怎么办，想起中行有一位与我关系很好的主任，即刻叫他从他卡上转给我，才帮我得到了第一件沉香藏品（图六，详见本书第232页）。

**图六**
金丝棋楠沉香荷花盘
（清代，文山款）

### 故事之六

故事没完，请接下去听听，好戏在后面，事后此小老板真的买回来一件海黄大件，买入价约在六十万左右，我去一看，确实是好的、有名堂的旧东西，小老板开我价是一百八十万，我蒙着了，上回买沉香盘的款还背着债，不谈此文。无意之中小老板取出手机给我看他拍的相片，是在买黄花梨大件的店里拍的一件沉香洗，有款，稀罕品，据他说要价很高，他也没能买下。之后，我看着照片，心里痒痒的，挺喜欢。自从上次买了沉香盘后，到书店买了很多有关沉香的书籍，介绍说沉香能做文房用具的物品是不多见的，尤其是老东西，除了北京故宫与"台北故宫"藏有沉香文房用具，较稀罕的玩意儿，其他地方是很难见到此类藏品的。等我下次再去小老板店里喝茶时，我又叫他把手机照片给我看看，这次我已经有目的，准备"捕风捉影"两方面的信息，之一，他拍照时该店里的背景旧东西是怎样摆放的，店里陈设是怎样摆设的，最好能得到背景的信息越多越好；之二，能从小老板嘴里套出此东西在某个城市，当然他是半点不会透露的。但有一点是肯定的，他夫妻俩都是北方人，经常回老家，每次返深圳时，都会带几个新鲜的旧东西给我看，所以肯定是该城市某古玩店的。有以上两条信息就够了。过了半个月，我女婿正好要到北方去开商品交流会。某天，女婿说："老爸你是要到北方去，我开交流会带你去看看。"功夫不负有心人，我俩真根据被抓拍到的以上两个信息，跑了几个古玩城，不出半天功夫还真找到了此古玩店的老板，及看到此沉香洗的真面目。一眼货，高贵亮丽、包浆厚重，但老板开价确实像深圳小老板说的一样。高价我绝对是无法接受的，我只能有机会赏读一下，抚摸一下，其他念头统统被打入冷宫。接着店老板说，像此沉香洗在大拍卖中只拍过一次，天价成交，在流通市场上也要高价才能买到，绝无仅有。我把怎样找到此店的经过跟老板详细一讲，老板有点感动了。读者觉得在这种情形下我能得到此沉香洗吗？告诉大家，我不但买了，还交了好朋友，成交价格绝对理想，动动脑筋可省去很多钞票呀！虽然我抄了小老板的近路得到了洗，但心里不觉得亏欠他，因为我毕竟曾在小老板店里买过各种真真假假所谓的黄花梨笔筒二三十个及其他东西，花了我很多钱，交了很多学费，在他最困难的时候也帮了他很多忙（这么一大堆笔筒，多亏香港拍卖行帮我大忙，才解了围，有惊无险，后面会讲到）。不然的话亏大啦，难以收场，算与小老板打个平手，大家不欠谁的人情。此沉香洗在目前市场上绝无仅有，凤毛麟角，弥足珍贵（图七，详见本书第234页）。

图七

枷楠香洗

（清代，孙诒让款）

## 故事之七

我买的每件旧东西，都有一个甜、酸、苦、辣，复杂而又精彩的一面。这次讲的是寿山石五彩大章，是在深圳古玩城买寿山石地摊上拣到的。地摊商有点熟，以前买过他几方章。见了面，我说最近有没有好印章，他说：章是有一方，很贵。他从箱内拿出来说，此章藏了近十年了，要给两个小孩在深圳读小学用。我接过章左右一看，是好章。顿时边上围了很多人，其中有几个香港人，听我与地摊商讨价还价。此印石我一直不放手，有规矩，东西在我手里只能听我谈价，如一放手，给边上人拿去我就会失去机会，故别人是不能插嘴的，干着急。最后我与地摊商达成交易六千六百元。我当时身边只有二千元，付了一千六百元，我去大门处银行卡上提取五千元，付清了钱（另外还给小孩各一张，要过年了，算给压岁钱吧）。此时，地摊商讲给我听，你去取钱时，那几个香港人出价一万元，我没有给他们，收了定金人不能违约。我听了也很气愤不买账。拿印章上楼找了开印章店的好朋友，帮我去教训这帮自以为是的有钱佬。我朋友说，我也不会打架，也不会骂人。这样，你这方印章就留给我，付你一万六千八百元，算我买下，半小时给你赚一万元，天大好事。我更舍不得了，过了三个月又碰到地摊商小老板出价三万元返回他，我哪里肯。目前此方印章最少在二位数以上（图八，详见本书第22页）。

**图八**
*寿山石五彩芙蓉大方章*
*（现代）*

## 故事之八

某日，在深圳开古玩店的小老板给我在电脑里看两件旧东西，一件明代黄花梨霸王桌，一件明末清初黄花梨镜枱。因他钱不够叫我去，他要买霸王桌，想在镜枱上赚点钱。当时开我十六万五千元整，我说没问题，货到深圳验货后，另给跑路费一万五千元（奖励的意思）。我把钱转到他的卡上，准备和他一起出门到北方去提货。不巧这家伙感冒发烧了。我说："不行，不能拖时间。一方面钱已转给你了，另一方面北京嘉德2010年秋拍过一星期开拍黄花梨专场，到时候麻烦就会来了。"小老板听我一说有道理，带病上路，三天来回把两件货发到深圳，我拿了件黄花梨镜枱，另外奖励他一万五千元，共计十八万元。实际上取货价是很低的，他赚点小钱也是应该的，事过三天，嘉德拍卖行黄花梨专拍全部翻了三倍以上拍出，我有预感，所以叫小老板赶快去取货，他很感谢我，他买进霸王桌要翻好几倍，藏在家里不卖了（图九，详见本书第210页）。

**图九**
*海南黄花梨镜枱*
*（明末清初）*

### 故事之九

再写一件超远见经典插曲，讲出来先告知读者要时时把握住任何机会，俗话说"机不可失，时不再来"，我就抓住机会，超高远见玩到以下旧东西。

约在上世纪九十年代初，刚开放不久，上海各国营工厂纷纷转化为股份制或私有制企业，我的供货商上海墨厂（原名：上海徽歙曹素功墨厂），是我一直订货出口墨条的主要工厂之一，此厂在转型中，需要资金买断职工的福利及工龄，不得不把库房中一批库存老底拿出来在市场上出售，才能解决资金短缺问题。我得知后，第一时间赶回上海去南山路上海墨厂，因为是很熟的关系，在库房里任意挑选了一批套装墨及大墨条（小墨太多总认为不起眼不值钱，现在也值钱的不得了）。最为精彩的就是现在讲的我选中了套装墨"御题西湖四十五景诗墨"，库房共有七套，除了墨厂自己留了一套外（现在上海笔墨博物馆陈列展出的一套就是当时留下的一套）其余六套全部给我买下，另外还有最后二块原装"光彩陆离"、"中国书画墨"，此墨厂自己也没有留下原版（现在博物馆陈列展出的还是为了开办此博物馆，把木模重新整理后重新制作出来的。与原版在金粉、银粉成色上有很大区别，完全是两种味道）。还有一批"文革"后期生产的"大好山水"，三十几条统统给我买下，我买东西有一脾气，只要我喜欢的东西，"一枪打完扫光"。就拿此六套"御题西湖四十五景诗墨"来说，数年后我拿出一套给上海一家拍卖公司拍卖掉，得的

图十
光彩陆离、中国书画墨一对
（现代）

款，全部收回以上购的所有墨条款。到了下半年，此拍卖行老板又要我送一套给拍卖行，又是拍出好价钱。2012年我女儿出嫁，送了一套给女婿玩玩，他是农工商企业家，但不懂这些玩意儿，我叫他收藏好，以后会喜欢的，我也会慢慢培养他第二职业，熏陶他玩旧东西的爱好，现在已经有点上瘾了。（图十，详见本书第108页；图十一，详见本书第103页）。

图十一
御题西湖四十五景诗墨
（现代）

## 故事之十

目前市场上各行各业多显得不景气，生意也难做，还不如再听我说些古怪事，把时间消磨的快一点，听听也能学进一点，尤其同行，敲敲警钟。某日，我到古玩城在与小老板喝茶时，小老板说起他有一把竹雕如意，藏了好多年。拿出来一看，他说有三位朋友看中，很想在价格上压一点，所以都没付定金。我第一次拿在手上看竹雕，真的一眼货，正好上个月我去上海参观了上海博物馆竹雕展览会，展出全国各大博物馆馆藏精品竹雕作品，还买了本书。虽然我没玩过竹雕，概念空白，但受到上博竹雕展览会熏陶，影响深刻。我能确认是件不可多得的作品，工艺精美，包浆浓厚，器形独特。在市场上从未见过此方面造型的款色，我很喜欢。小老板开出不得还价十二万元整。OK，我付了二万定金，三天内付清余款拿货。很可惜当时卡上没钱了，得在三天内动脑筋去怎么搞钱确实有点困难。到了此日晚上十点左右，手机响了，小老板来电告我，有一位原看中此作品的浙江客人曾来过此店二次看中意，但没付定金，去香港玩了三天，今晚一返深圳通电话联系说明天付钱交货，听小老板说此作品已给我买走，后悔莫及。浙江人叫小老板与我通电话商量追加到十八万能否转让？虽然我卡上已没钱了，按常理来说一天能赚六万元，真是天上掉下一个金元宝，我一口说不行，明天我马上去银行办理白金卡升级，能透资二十万元。隔天付清了钱取回来。事隔三天，又碰到有点面熟的玩家说，他也喜欢此如意，就是想还掉二万元再买，现在不但没还掉价格，他知道是我买的，与我商量加我二万元转让给他，他太喜欢了，再说他是专门收藏竹雕的缺此门类会后悔一辈子。对不起，现在此如意给翻一翻我也不会转让的（图十二，详见本书第164页）。

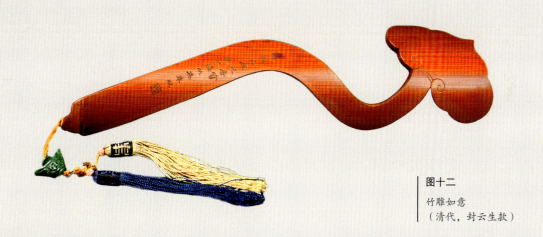

图十二

竹雕如意
（清代，封云生款）

## 故事之十一

我平常出口纸砚笔墨多是供应给香港、日本市场，出口印石千千万万方，多是低档货给学生练习雕刻用的，没机会接触到高档的寿山石。某天，我的好友小戴带了十几方印石到我处玩，实际上是想委托我推销给我的客户，花好桃好，讲了一大堆寿山石石性及各种名称，被评上国石等等，市场挺热门的，我抵挡不住他的诱惑，花了一万二千元买下十二方印石，我也是第一次买新的寿山石玩玩看的，钱也不算多。后过了几天还有在一起玩的裱画师小吴告诉我，小戴卖给你印石赚钱啦，高兴的不得了，昨天店也不开门，带老婆小孩到小梅沙玩了一天。想不到第三天这家伙又来我这儿了，拿出一方印章给我看，他说是好章，要价三千五百元，我看看不错，也真的给了钱，收钱后，小戴就跟我讲，此章在去年卖给他的好朋友一千五百元，昨晚又花二千五百元拿了回来，今天卖给你三千五百元，又赚了一千，做小生意感到很高兴，好朋友平时也常常帮我的忙。过了二年，我去杭州参加西博会，带了此章想托朋友认证一下，叫什么

图十三

寿山石汶洋石双狮子母章（现代）

名称（因寿山石有一百多品种）。通过我大姐中国美术工艺大师（国家认可印泥大师）李耘萍的介绍，她的好朋友林文举大师（也是国家级）识别说：是方掘性黄汶洋大章，好石头，此石头只开采五年就绝迹了。当场好几位同行爱好者都纷纷要用现金或过卡十五万左右要买此章，即然大师说是好章，与老婆通电话也说带回来吧，我更舍不得卖掉，留到今天又升值了。自买了小戴几方印章起，一发不可收手，此本书里的印石多是小戴先生"害"的，近三四年中花掉了我几十万元，不知是否值得？但有一句话告诉读者，寿山石现评上非物质文化遗产，第一国石，加以保护，严禁开采。大部份优良稀有的品种已绝迹了，在金钱的吸引下竟被挖尽，很可悲（图十三，详见本书第13页）。

## 故事之十二

　　有关广东绿冻印石很多读者不很了解，优良的广东绿冻印石在一九九五年前已被挖绝，再也开采不到好的冻章，尤其是金星绿冻石。话说肇庆市广绿印石厂叶厂长藏了二块大原石，为了给他小孩读书造房，才拿出来开锯成了印章。我当时正好在肇庆订购端砚，顺便到印石厂看看，看到叶厂长锯出这么漂亮的金星冻印章，被我成批买下，目前金星绿冻的好品种多被我藏了起来。尤其书上有二方4×4×8厘米的金星绿冻与一方金龙绿冻是绝无仅有的孤品，目前已升值几百倍，还有上升空间。叶厂长还有一个侄子小叶，在广宁县山里办的印石厂，专门生产绿冻对章。能挖到好的石头，开锯出来好的对章多是给我买

下，尤其一方12×12×23厘米绿冻金晕大章是从一块三吨重的石头慢慢开锯到石中心才做成印章，软地金晕绿冻大章，绝无仅有，仅此一方存世。

广东绿冻印石从清代就开采应用于雕刻印章，在历史上只有零星文字及图片记录，而没有详细图片解说（图十四，详见本书第63页；图十五，详见本书第84页）。

图十四
金龙金星绿冻方章
（现代）

图十五
金星绿冻大对章
（现代）

## 故事之十三

2011年秋，在深圳开文博会，古玩城也是文博会一个景点，摆满了地摊，人头攒动。此日，我午后四点多去了一次古玩城兜了一圈，人山人海，多是来掏宝的，或来捡漏的，反正黑蒙蒙都是人头。将近收摊时，我突然看到地摊上有一只笔筒，我拿起一看，好东西，束腰，也蛮大的，一眼货。但我装不懂问摊主此笔筒是什么木头做的，我说我是学画画的，想买一只可放大毛笔的筒子。摊主说：此笔筒是正宗小叶紫檀，老货，开门货，开我价一万五千元。我连连说太贵了，黑呼呼的太贵了，我假装要走了，摊主马上过来拉着我手说："此笔筒在内地最少开价三至五万，在这里来了一天，也没有识货人问津，没文化，先生你给个价吧。"并说，他从江西来，听说深圳开文博会，古玩城生意好做，总认为深圳离香港这么近，生意会好，想不到一天下来，没做成一点生意，不尽人意。我说你老远来也不容易，也够辛苦的，我也不懂什么木头，只要可放放毛笔就可以了，就出三千元，已经很多啦，帮你一次忙，交个朋友。摊主连连说不行，太低了，你再加二千元就给你。不然我回去连车费也没有，但他也说交个朋友，我看是件超值的东西，想了一下就说不还价了，当然再还掉五百到一千元绝对没有问题，算了，总留口饭给他人吃的。人家老远来赚点钱也不容易，再说，我也太喜欢了，就支付了五千元，买下了此件笔筒。

此件紫檀笔筒确实是清中期的好东西，束腰、厚壁、唇口及底部有岁月的龟裂纹，但此笔筒有一点点瑕疵。笔筒中间表面上有三条烧丝（比头发粗一点，大概是年岁老，面上有点皱纹吧），怎么处理？回到家里，头脑里一直在想此问题，到晚上睡觉还在想怎么处理此瑕疵，迷迷糊糊睡着了，做梦还在回想起怎么办。突然一醒，梦见一人可以除掉此三条烧丝，是我的好朋友，最尊敬的老师，韩天衡先生。只有韩老师的国画兰花图能除掉此瑕疵，老师最拿手、最得意的作品、也是我最想往、最喜欢的。韩老师的兰花图二平方尺开价三十万元，现在还不止了，用兰花画在笔筒上，刻好后，也就化掉了烧丝，还增加了艺术的意境，二者佳美，含金量更高。我想的很美，可谓意想天开。不知韩老师是否能帮我梦想成真，试一下，胆子大一点，在打通电话前，还特意喝了一杯酒（我不会喝酒），趁着兴奋壮壮胆。我与韩老师通了电话，说明了上述原因，意想不到韩老师很爽快，一口答应下来，说："小罗，你平时做事很好，也帮了我很多忙，我这次也就免去费用了。"一星期后，我出差回上海，一下飞机直奔韩老师家。他一看笔筒，怎么也不相信五千元能买到这么大的一个紫檀老东西，他还说："我出五万元一个，你想法给我去买几个来。"讲笑话，我也是偶然有此机会，哪有这么多好事碰到、见到、买到？二个月后我再返上海，直奔韩老师家，他拿出来给我一看，面目一新，在笔筒上刻了一株立体兰花，把三条烧丝化解掉了，完美无缺，太美妙了。韩老师交给我时说了一句，此笔筒现在起码值三十万元以上（图十六，详见本书第219页）。

图十六
紫檀刻兰花笔筒
（清代，韩天衡后刻兰花）

## 故事之十四

在深圳古玩城有一门面是老李开的，玩的是小叶紫檀大桌等，多是大件。据他说店里一只二米长的小叶紫檀条案是明末清初的，开价二千多万元，曾在某拍卖行拍过，因不到底价而流拍。另有二只乾隆朝的小叶紫檀画案，要价多在五百万以上，反正来头蛮大的。像我这种买小东西的根本不在他眼下。我时常在他店面斜对面的一家古玩店，也就是常说的小老板那儿买上几只所谓的黄花梨笔筒。偶尔也会在地摊上买上一两个大画筒。上上下下拿着笔筒必定要经过老李的店面，他老是用嘲笑我、蔑视我的眼光对待我，我根本不敢越雷池一步踏进他的店里，时间一长，他每次见我买了这么多笔筒就闷不住了，有点

吃醋的味道，有点嘴馋的味道，也有点想分享一部分蛋糕的味道，某日终于把我叫进他店里。老李用教训我的口气，也有点师傅骂徒弟的口气，以恨不得打我一巴掌的姿态，骂我说：你买的笔筒统统是假货，不是海南黄花梨做的（后面会讲到故事）。给人家骗了，几个月下来你买进不少于几十个吧，也要花掉一二十万元吧？讲到这里此时此刻他也蛮同情我，怜惜我，他开始给我上课了，喝茶、聊天，指导我这样认识木材，几次接触下来看我蛮谦逊时，也蛮"可怜"的，很老实，与我交上朋友，有兄弟之称。在老李的帮助下，我学到、看到很多有关买古玩的门道，尤其怎样分别海南黄花梨、越南黄花梨、小叶紫檀与大叶紫檀区别的道理及知识，令我获益匪浅。他还会把他收藏的精品拿出来教给我分析识别，反正教会我很多此方面的知识。有一次在喝茶交谈中，他无意中拿出一只锦盒给我上课，打开一看，"啊！"这么漂亮我差点失声叫了出来，即刻闭嘴。老李介绍说，是只小叶紫檀葡萄叶洗，是康熙年顾珏的作品，有款，曾给北京故宫研究员刘静鉴定过，是正宗老货。我只能看看，摸都不给我摸一下。因洗子紫檀叶片实在太薄了，只有一毫米厚度，怕我拿破了。他说，你一世身价也赔不起（有点小看我了吧）。我有意问了他一下，大概多少钱才能买动它，老李说，最少要三四百万才有考虑，我只能嘴馋咽了一口水入肚。希望即刻被扑灭了。东西确实是好玩的，确是老货（因我孩儿时做木匠水平很高的，整套家具多能打上，有基础知识，懂一点新木及老木的区别）。不知怎样能逮到此洗子，狂想。虽然不能逮到，但想总可以想吧。做梦啦。

　　自从来往很长一段时间后，确实我们的关系有兄弟之称，见面客气的很，虽然在生意上没有成交过，但谈起话来很投机。每次见面，我就会想起葡萄洗子。慢慢来，这是天价，心急吃不了热豆腐。我开始做起功课了，大哥、大嫂不离嘴，反正我嘴巴动一下不吃亏，但大哥心里也是感到很甜的，叫得大哥大嫂俩头晕晕的。

　　机会来了，约过三天，中央台寻宝栏目又到深圳，在宝安珠宝城开展巡回寻宝，我的老师蔡国声也来深圳鉴宝，但时间安排得满满的。此时老李有三件高档杂件很想请蔡老师帮忙鉴定一下。我说我可以帮你忙没问题，小事一桩。一开始老李说我尽吹牛很不相信我。我说，两天后你把三件东西打包好，晚上八点钟到你家楼下接你。到了那天我开车接了老李找到宝安宾馆，见到蔡老师，老李才相信（当然我也是与蔡老师约好的）。老李一见蔡老师，高兴样儿不提了，老李拿出三件东西，蔡老师一一讲解，双方很满意，而我算什么名堂呢？已经晚上十一点钟，回深圳还需一小时。再说第二天上午，我女儿出嫁办喜事，而老爸这么晚了还在胡搞。老李很感动，隔日当晚老李和李嫂俩也参加了我女儿婚礼，喝上了一杯喜酒。

　　自从这次运作，老李很感动，他说老罗是条汉子，

图十七
紫檀树瘤笔筒（清代）

能办事的料，够朋友，就把店里一只老紫檀树瘤笔筒以很好的价格转让给我。这也是我平时看中的一只，但开价一直很高，通过这次办事，算给我补偿一点（图十七，详见本书第218页）。

故事还没完，老李的紫檀大件有很多，但不容易一下子出货。某日，我又去古玩城兜兜风，喝喝茶。见了老李，可能他近来手头很紧吧，也可能小看我吧，也有一点我帮了他的忙有点感动的心情，也有点心血来潮的缘故吧，他又拿出放紫檀洗子的锦盒。这次给我拿出来，总算给我拿在手上鉴赏了，拿在手上感觉很轻，薄薄的一片，底面落款"宗玉"。包浆自然厚重，雕工很细，历史感很强，别有风味的一件难得的好东西。老李开口了："老罗你想要，今天可以拿去，就是二十万元，过了今天，明天来拿就是二百万元。"我听后，之前的功课已做的差不多了，火候也到了。我就还他十八万元，老李听了即刻与他老婆通了电话，当然也讲了很多我的好话，他老婆说如即刻给现金的话就同意。我刷了白金透支卡付完钱后，此物就到了我手上。故事还没完，才过了两个月，老李又开口说，此洗他出三十六万元要回购去，此时此刻已经不是他说了算啦，绝对不可能的事，上海话说的好"老龟不脱手，脱手不老龟"。

此洗很多人要，包括他的老乡小老板肯出过二十万以上他都没动心，不知何原因给我天大的面子回报我，此问题我也回答不出来。事后，我也没问过老李，就好像没发生此事，一干二净。

此洗书后分解图供参考，是否是顾珏的真款或者是寄托款已经不很重要了，是正宗款那就千万元的洗，如是寄托款也能值百来万（图十八，详见本书第222页）。

图十八

紫檀葡萄叶洗
（清代，宗玉款）

## 故事之十五

自从我去北方古玩城，在我广仁兄处购得一件"枷楠香洗"后，很幸运、很高兴与广仁兄交了好朋友，当时在他店里也同时拿出几件好东西给我看了。在其中，就看到三方印章较特别，一方是老的月尾紫带绿的，一方就是老的他认为是方大的白田黄带老款，另一方就是本故事要讲的正宗寿山石明代第一石艾叶绿冻覆斗印。广仁兄说，此三方印石是店里镇店之宝，尤其艾叶绿冻覆斗印，全国就一方，独一无二，曾有上海做宝石公司大老板和老婆带了六个学生到他店里上课，临走时掏出信用卡甩出一百万元要带走此方艾叶绿冻覆斗印石，牛的不得了。广仁兄说，他越牛越不给他，整个古玩城多流传此事。广仁兄讲了以上事，我们马马虎虎看了一下，我与女婿听过算过，但深深烙印在我的心里，我暗想它，我爱恋它。我虽然喜欢的不得了，但一点声言也没有露出来，我像不当一回事一样，当晚与女婿回了深圳。但回去的步子走的很重，总好像有什么东西牵着似的，要不就是此块石头吧。我又要开始做些功课才行。

过了四个多月，到了春节前四五天了，我灵感来了，即刻到日本开的吉之岛买了各式进口糖果、朱古力，一大箱，托顺风快递送到北方广仁兄处。年尾了，祝仁兄岁岁平安，再说他家里还有小妹妹在读中学，我是送小妹妹吃的。当广仁兄腊月二十八来电感谢我，说我够朋友，愿结为哥们儿，年一过，哥俩经常通电话问好，很少谈生意，互祝身体安康。过了冬天，一开春我又通电话告广仁兄，我很想去北方你处玩玩，散散心，他应承让我好好玩玩一下，住了一晚。此去我不提艾叶绿印石一事。他拿出一些其他杂件及一块"艾叶绿"带款的镇纸，我感到也很好玩，也蛮喜欢的（图十九，详见本书第8页）。另有沉香扇筒

**图十九**
月尾坑艾叶绿荷花镇纸
（清代）

等。花了十几万元，这是为了加深我俩的情义。当然，广仁兄还是把镇店之宝三块印石给我品赏了一下，但我不能多看，越看越馋，因这次来的目的是做感情上互动及加深哥俩的友情，并不表达对这些印石有多少喜爱，我手头上松一点给他人印象我是较重视感情的人，但我也确实是重于感情，容易交际的人。一般来说，与我交朋友是比较容易相处的。心直口快，给广仁兄的印象我就是以上的人品，易交朋友，情义胜过金钱。

事过半年，等我第三次去北方，就是为此方朝思梦想艾叶绿冻覆斗印而去，目的很是清晰，因为，时间不允许我再拖下去了，一怕给他人争去，二怕我自己精神上压力太大，想的要发疯啦。石憨的别名，就是为了太喜欢石头而起的字号。它就是我的灵魂，是我整个身体不可缺少的一部分。我带上几个月做的功课三上北方，去给我广仁兄"审批"。三到北方古玩城，那有多少高兴及焦虑，但也压迫自己在情感上不

图二十
寿山石艾叶绿冻覆斗印
（明代以前）

要太冒失，否则前功尽弃，给广仁兄产生反感，后果将不可收拾。我必须忍、稳、静。我与他一见面，喝茶、聊天，非常高兴我也直接了当请广仁兄把三方印章拿出来。当我一见到他们，我很坦然放下心来，她还没嫁人，依然在我面前，有多么诱人，多么可爱。我把我做的功课很坦率地讲给广仁兄听，我很想要这方艾叶绿冻覆斗印。有几方面原因：一，在我收藏寿山石印石的品种中，唯独缺方正宗艾叶绿冻印石，很不完美；二，此方印石年份老，最起码是明或明以前的古物，属老古董，有历史价值，有此印石很骄傲；三，我近来在写一本有关印石及我个人收藏的书，可能书名就是"文房典藏"，书中若有此物可添无限光彩；四，我藏有一方号称明代第一刀文彭题词砚做封底，再把此印石，号称明代第一石的寿山石艾叶绿冻覆斗印做封面，可谓无比辉煌，史无前人。能有此题材来完成一本书籍，供读者鉴赏，将有双赢的机会，绝对跑在收藏界前例，绝对给读者一个惊喜。我当时把封面的初稿及大照片也给广仁兄看了，他听我一描述，他也心动了，我的想法确实感染到他心深处。约坐了一个多小时，广仁兄也确实知道老罗很需要此方印石，感动了，说服了，同意了；在价格上广仁兄也确实让了我很多，即刻现金过卡完成了一年多的愿望，在广仁兄阔亮的心态下，我完成了梦想及夙愿。我只能对广仁兄说，我下次来北方一定毫不犹豫再回报广仁兄对我的恩情。当广仁兄看到此书出版，我会再一次表达对广仁兄的谢意，感谢他圆了我的美梦。我会捧着本书亲自四上北方重谢广仁兄宽宏的胸怀（图二十，详见本书第1页）。

## 故事之十六

今晚再写最后一个最精彩的故事。近日去上海友谊商店，再次见到了我三年前就看中的明清黄花梨带款的笔筒。三年前的一天，我无意中开车办事经过静安寺边上海友谊商店，是原北京东路外滩口的友谊商店迁移过来的。当我一进门，一眼就看到柜台里有两只旧海黄笔筒。我叫服务员拿出给我瞧瞧，柜台的同志有点不情愿的表情，无奈开锁拿了出来，他们的眼光都盯着我，生怕我抢着就走，或者怕我搞坏，反正多用惊疑的眼光看我，似乎在说："你能买得起吗？"一只稍大的标价九万六千元，小一点带款的是五万八千元，加起来也是蛮大的数目。我不管他们用什么眼光看我，我做我功课，材质、规格、年份、包浆、款识一一记在脑子里，将近用了半个小时的接触，才掌握了第一手资料，最后还是叫服务员放回原处柜里，上海人的心态就能表现在脸上，就好像差一点说出口："你还是买不起吧？"就这样在此三年中我无数次来回上海，也无数次去了友谊商店，也无数次叫服务员拿出来看看，反正摸一下心里感觉到好舒服，就是差一小步的动作（付钱）就是我的了，奇怪的是，上海这么大的城市，人口多，收藏的人比例也是全国属多的，竟然这么漂亮的老东西能安安静静在柜里等待识货的顾客来"娶嫁"它。等我功课做得差不多了，我对它认识也到火候了，这次来上海（二〇一三年十二月二十三日）我终于出手了。实际上在十月中旬我回上海来过一次该店，店里一位老法师接待我。由于我去的次数太多了，已有点认识了，他给了我一张名片，说我怎么经常来看此两只笔筒，而迟迟没有下手，说如有需要可打此电话联系。我把带款的笔筒落款处再次确认，暗暗铭记在心里。因明代年份太远，笔筒上大部分刻字已很难识别，旁边刻的一幅小画也是朦朦胧胧的，只有款名处尚容易看清识别。等我回深圳一查历史资料，惊吓我一跳，落款处是"文水道人、长洲"。大字典上明明写着"文水道人"就是文嘉，明代苏州叫"长洲"，文征明的次子。正好前面讲到，也是奇迹般靠老天爷帮忙，使我收到一方文征明长子文彭题词砚。如今再收文嘉的，那不是好上加好？本来文彭、文嘉兄弟俩流传下来雕刻的东西少之又少，绝对是稀罕品，难道有这么巧合都给我碰上了吗？我当时也在惊疑自己在白日做梦，敲敲自己的脑袋还感到很疼，我想我的思维还是正常的。自从我查验出以上资料，心急火燎，望不得即刻飞回上海落定此笔筒，但我与夫人已预定十二月十八日至二十八日来回机票，打算要回上海办家里事。我又想打电话给友谊商店老法师（柜台值班经理），叫他把二只笔筒留下，等我十二月十八日回上海时就落定，但再一想，万一惊动他们，我需要买此两只笔筒，他们就不给我打一点折扣，当时老法师给我名片时，问过他能否可以打一点折扣，他说可以打一点但不多，因为友谊商店是国营单位，一般来说是不能讲价的。但我也担心，万一再过一星期，十二月十八日回上海，笔筒在前几天给同我一样也做了功课的人提前买掉了，那我三年功课岂不是功亏一篑了？可转念一想，此两只笔筒自从我看到至今已有三年时间，若真在此十天内给其他人买走了，那就是运气问题，天意，该谁的就是谁的，也不在乎这十天时间吧，把原来订的机票要作废也没有意义了，就根据原来的时间出行办事。等待这十天，日子相当难熬，可谓度日如年。

原本在我出行前一个星期，我女婿也公差在上海，他打电话给我说："老爸，我去友谊商店看看，把笔筒买回来给你，"我说："女婿，你不要惊动该店，你不会与他们讲价的，我已订了机票等我自己搞定。"我在十二月十八日回上海办完家事后，二十三日上午即抽出时间去了友谊商店。一跨进门就瞧到那两只笔筒静静地在原来位置，等待我"娶"她，当叫老法师取出笔筒时我轻轻吻了一下，又是该我的东西啦，拿在手里，黄花梨还微微发出四百多年的木香味，好甜蜜，好舒服，好滋润，它没有嫁给人家，功课做到尽头了，再不能犹豫了，我也直接了当说，今天要买大的一只笔筒。老法师说你买大的一只是九万六千元。我说如买一只小的需要多少钱，标价是五万八千元。老法师是值班经理，可打九折，我说太少了，还想折扣多点。正说着，店经理出来了，她了解了情况，并与我交换了名片，说："你有没有该店里的销售金卡？如果有，凭金卡把二只笔筒一起走货。"朱经理作主给予最优惠八折供货。我讲：朱经理，我有流通全世界白金卡，透支银码很大，远远高过贵店的金卡，凭此我有三个要求：第一，希望该店按原价七折供货。理由是：目前市场此方面流通不畅，市场疲软。第二，你们两只笔筒的零售价还高过北京三大拍卖行的落槌价，所以至今只有看的人多，买的人根本没有。第三，要求买笔筒的发票到明年三四月份开给我，我可以付全款，发票待我需要时开。朱经理说，商品打七折要请示总公司，自古以来从来没有七折售过商品。她拿起电话拨通公司，把前因后果讲了，并替我讲了很多好话，最终公司同意七折给我两只笔筒，并同意晚些时候开发票。我当时支付了全款后，与老法师和朱经理讲明，近来做的功课的成果，并把资料给他们一看，小的一只笔筒就是明代文嘉自用的筒子，他们看了我提供的资料多认可，讲了一句，罗先生你了不起，你心想事成。真可谓可遇不可求，好运，捡了一个大漏。我最后说，谢谢贵店给我机会，给我优惠，请他们来深圳玩，来回费用我全包（图二十一，详见本书第182页）。

图二十一
海南黄花梨笔筒
（明代，文嘉款）

## 故事之十七

　　故事还没完，后面更加精彩、更离奇，更不可思议的事又发生了。当我在友谊商店购买了两只海黄笔筒，办妥一切手续付款两清并道谢时，我刚想踏出店门，我又被店经理朱姐叫停。她说："罗先生我看你做事很爽气，很痛快，我再介绍一对花尊给你看。"说着，店里两位营业员打开柜子，拿出一对花尊，讲实话、我一点也不懂此旧东西是什么工艺作出来的，朱姐又说"此对花尊是掐丝珐琅彩三羊尊，也可算三羊开泰。标价十二万，如果你今天买去了，走出我店门就能尽赚二十万元。"我想天下哪有这么好的事在等我做吗？你们店里这么多员工，随便哪一位叫一下亲朋好友来投资一下，就可以发财了，天底下哪有这么好的金元宝等着我去捡？我心里一直在自问，可能吗？要警惕不是陷阱吧？但眼前已经被此对花尊吸引着了。此尊口沿、底足镏金相当饱满，尤其在花尊上部肩上掐有立体三只羊首，镏金似足金，金光灿烂、跃眼、亮丽。就与圆明园大水法被英法联军抢去的十二生肖中的羊首一脉相承。漂亮，美不可言，真正的一眼货。当时我已经无法掩饰住自己激动的心态。朱姐说："此对花尊是铜胎镏金掐丝珐琅彩三羊尊，底下有'乾隆年制'双圆圈款，原价是四十年前订的，价格十二万，只要总公司在电脑里没有变动，该店就按照过去老的价出售，是一对可捡大漏的旧东西。"她还一再反复劝我买下，"亏不了，出了大门你就可赚二十万元以上"云云。我虽然对此类器一点也没有认识，也从来没有接触过此类旧东西，但心里也认可朱姐的说法，我也不管此对花尊有多少陌生，本来一看到就是一眼货的东西，越看越中意，再听给朱姐一讲也蛮有道理，况且上海友谊商店是国营大企业，金字大招牌一块，绝对不会卖假货，也最多就是到不到年代的问题。综合以上我决定买下，但我也提出一个很棘手的问题？要讲价。我说像买二只黄花梨笔筒一样七折。朱姐说：此价已经是四十年前定的价格，也就是"文革"后期定的，至今古玩市场上的好东西已升值了好几倍，乃至几十倍。水份已经全没了，至今没提价，你还要提出七折价，我看总公司也很难给你作主。说着朱姐拿起电话请示总部沟通描述了以上的情形，就是刚才的一位客人，现在要买二只镏金掐丝珐琅彩三羊尊，提出也要求七折给货，总公司提出："如是同一位客人再要求买的，就同意七折给货，这是一条大鱼，你们把他的联系方法留下，务必方便以后再钩。"朱姐说："总公司同意七折给货，可能老总今天也碰到什么喜事或天大的好事很高兴，所以两次请示公司都同意七折销售，自古以来绝对是不可能的事，从不例外二次。"其实我就是条"小毛毛鱼"，混混的。

看来我真的有点运气能碰到这么几位好人，做了这么两件好事，成就了我，也满足了我的心愿，多谢！当场用木箱打包装妥，并以七折付清了款项。帮我送上的士。我再一次与朱姐及同僚道了谢！下次贵司店庆再告我，再见！

到了酒店，因闹了大半天，人也蛮辛苦很想休息一下。到了晚上，老婆从外婆家回到酒店房，我跟老婆说，你想先听好消息，还是先听坏消息。老婆说先听坏消息，我说，要听坏消息，钱给我用空了，要听好消息，我买了这么一堆很值钱的旧东西。老婆听了半信半疑，到明天上午就能见分晓了，因第二天我原就

图二十二

铜胎镏金掐丝珐琅彩三羊尊（清代，乾隆年制款）

约好了请鉴定家蔡国声先生一家吃午饭。

隔日上午，我俩买了一部手推车，拉着木箱去了蔡老师家，一一向老师、师母请安。问好后，我也迫不急待与蔡老师讲起昨天发生的怪事，他说，这个年头不大可能的吧！吃药，吃定药了，我打开木箱拿出其中一只花尊，等拿到一半时才露出部分，师母已叫起来："好东西！好东西！小罗你栋了个大漏！"讲实话，师母鉴定水平要高过蔡老师一筹，为什么这么说呢？蔡老师在上海艺术公司是做领导的，而师母一直在店堂里鉴定做买卖的，接触各路买家、卖家，看的、经手的东西要多过蔡老师。所以当我一拿出来，露出一半，师母就叫了起来。等我把此对花尊全部拿了出来放在茶几上，漂亮的不得了。这次蔡老师开口评价说："第一，此对花尊名称叫铜胎镏金掐丝珐琅彩三羊尊。第二，此对花尊是天生一对，也可叫喜鹊开眉三羊开泰。第三，此对花尊铜胎镏金饱满亮丽，完美无瑕疵。第四，此对花尊珐琅彩是双勾线描绘的，正宗乾隆工。第五，底部双圆圈'乾隆年制'是官窑款，乾隆造办处的东西。第六，全国各大博物馆拿不出二对一样的东西，少之又少，好东西。"你的水平及运气真是好的不得了啦。在目前的形势下还能栋到大漏是少见的、凤毛麟角。看来我的业务水平又上一台阶了。

此事告一段落，目前此书也将要结近尾声了。又拿到几件旧东西，我只能快手快脚插在书中发表给读者共同享受一下我的感觉。这是二〇一三年十二月二十三日"拣"到的，投资小、收获大、惊奇不小，很少有此机会了（图二十二，详见本书第172页）。


## 故事之十八（败笔故事）

失败是成功之母，我也有一段沮丧失败落难的故事。几年前，在收藏海南黄花梨热潮中，我也被卷进深不可测的潮浪中，起初开始在地摊上看到笔筒，就认为是海黄料做的（因为对此木料性质认识不够深刻）。看到地摊上或古玩店上有此类的笔筒，统统买进，每星期能买上几个，特别是古玩店小鬼有二个就买二个，有三个就买三个，反正，你要几个，他会给你几个，故事编得好听到要命，时间长了，觉得不对，怎么会买不完的，卡里的钱也刷完了就叫老婆帮我刷，近几个月买进了几十个，放在家里一大堆（后来知道实际上大部分是越南黄花梨或是进口巴西花梨做的，当然也有几个是真的）。幸好，宣纸厂张厂长来我家玩，我还献宝给他看，我收到这么多海黄笔筒。他说，他不懂，但他知道海黄笔筒稀少，他曾到好朋友红木雕刻厂去看到一只，老的海黄笔筒要价五六万元，哪里像你说的花几百、几千元就能买到直径二十几公分的，肯定不对。听他一说，我也呆着了。和老婆一夜没睡着，第二天拿了几个到深圳海南黄花梨家具专营店想咨询一下，都说不懂。实际上是不想招惹是非。怎么办？当拉尿桶用，中间有个洞，不行；当柴火烧，又不是农村；丢掉吧，已花了十几万元。还是老婆说，拿几个到香港小拍卖试一下。我带上十个大套中、中套小，拉着皮箱去香港拍卖行。过关没事，那就不是好事啰（国家规定海南黄花梨是不准出口的）。如找我麻烦，就可能是真的海南黄花梨。到了香港小拍卖也真的收下，定价在一千元至五千元不等。过一月开拍了，奇迹发生了，抢完了！抢完了！在这古玩硝烟弥漫世道中，竟然还有这么多比我还要蠢的人，也在做发财的梦。十个笔筒统统拍出，真的抢完。我二万买进一个大的，拍出港币二万多元，亏了港币汇率差，我用一千元在地摊上买的也拍出港币二万叁仟元，反正赚了几倍（后来知道统统是越黄料）。通过这次成绩来劲了（但不能再买进了，现处理库存的）。过三个月后香港拍卖行又开拍了，老板来电告我，笔筒能否再进货，能否再找到，我假装说，看看朋友是否肯转让几个出来。实际上家里还有一大堆，只去掉冰山一角。第二次过海关不怕了，又拉去十个，大套中、中套小，一到了香港，拍卖行老板还谢谢我，像上次一样定价。过一个月又开拍了，成绩不错。只留下二只买进来人民币三五百元的，但当时定价五千元太高，如定价二千元肯定拍出。不管怎样又赚了钱。好几倍啊！过了三个月香港小拍卖又要开拍，老板又来电叫我收点，好一点，实际上家里还留下二十几个了，有几个我还舍不得卖掉，因为越南黄花梨原料从八十至一百二十万元一吨，现在也涨到了六百至八百万元一吨，海黄已涨到两千至三千万元一吨，差不多与黄金同价，还没大料，所以也想留几个玩玩。反正赚了钱，这次挑出十个，拉去香港拍卖行，定价稍在原基础上下降点，因国内拍卖行行情在下降。果然不出所料，这次开拍一个也没成交，原因何在？上两次只有我一个人送去十个，大家也有不懂的，通通拍出，成绩很好。这下子好了，香港人、内地人也都通通送去类似笔筒，想赚钱。我是没办法的办法，逼上梁山。这场拍卖会上总共有四五十个笔筒，到后来整场一个也没拍出（后悔，在前二次每次多拉几个，就完事了，奇迹更大，收获更丰厚）。这几个至今还留在拍卖行里，只能等下次开拍，定价在无底价开拍，处理完了事。总之不幸中还算大幸，给老婆带来苦喜悲乐，一场虚惊。在香港买了只高级金手表奖励给老婆（赚的钱）。在出稿前，留在小拍卖行上场未拍的十二个筒子，在近一场无底价（从100港币起拍），统统拍出几千元一只，还能赢利几倍以上。惊喜，风险越大，成绩非凡。真理！

实际上我收藏每件作品都有一个故事，都有生命力，都会与人讲话沟通，都会反映出当时的生活情形，都会体现出社会进步史，都会发出信息告知人们要爱护文物，爱护历史，就像监护自己的小孩一样呵护它，珍惜它，这就是我生命中的一部分。综合以上，我经历点滴，深刻体会到大家要知道的要点：一，钱

图二十三
警示：高额学费买赝品

来之不易，很辛苦赚到的，千万不要听故事上当。二，多看书、多看物、多参考、相信自己的眼光。三，看东西要一眼货，十秒钟定乾坤，千万不能左看右瞧，慢慢想培养出感情，在这种情况下，即刻走人。四，心态要好，端正思想，要有悟性，也要有一定经济基础，才能胆大心细，快手快脚，看中后敢于落手。五，千万不要相信这个专家，那个导师的指点，反而给你吃药，因市场上此方面的专家，混水摸鱼例子太多了。

当然在收藏中，也有马失前蹄的时候，很经典一例，就是我去北方某古玩城看中了一把紫砂壶"大明万历年造"的款。这就是对紫砂壶没有一点常识，完全一窍不通，任何概念也不了解的情况下收的。此壶很古旧，包浆也做的不错，听故事也编得不错，说是出土之物，壶里石灰斑根本清洗不掉，看在眼里心里也痒痒的，自认为"一眼货"，还带官窑款，捡了个大漏，买了下来，很得意了几天就消失了。我的朋友在杭州西泠印社拍卖行工作，我托他介绍了一位看紫砂壶高手，一颗"子弹"就枪毙了它，高手说：紫砂壶在万历年间根本不存在"大明万历年造"官窑款，是臆造品。听高手一讲解，我的心即刻冰凉、冰凉的，古玩行规是买进赝品吞下肚，更谈不上退货，自食其果，只好自认倒霉。血的教训，广东话说"不懂不做，要做也要做好功课再下海"。我违反了规律活该，要读者警惕啊。（图二十三）

综合以上，古玩、古玩，要玩的正确，玩的及时。俗话说："走的早，还不如碰的巧。"玩古玩一个字"缘"，该你的就是你的，一切都有缘份安排好的，千万不能强行违反规律，那就会自讨苦吃，后果不堪设想。

赚了钱在国内投资的东西有限，我还是看中中国五千年文化的旧东西，只要认真做好每一堂功课，它会给你几倍，几十倍乃至上百倍的回报。盛事讲收藏，现在还趁自己身体还行，玩这些旧东西，还可以回眸过去的历史，它是历史发展的见证，你要去听懂它，读通它，沟通它，理解它，那比学什么课程都难，是现代史上最难的一门功课。

最后，发自真心的感恩，谢谢我的几位老师：高式熊老师、韩天衡老师、龚继先老师、董之一老师、蔡国声老师、李耘萍老师。他们都是我的前辈，一直都在关心我，帮助我。在这里特表示衷心致谢！

我还要感恩很关键的朋友，也就是我的老板王一民先生、舒明凯先生。他们直接从经济上给我创造了很多很多财富，在我最困难时，助我一臂之力，度过金银卡上时常透资的难关，才能较顺利的得到我认为很得意的藏品，甚至有国宝级的藏品。

此为我的交流微信13509636669，请诸方家指教。

二〇一四年十月于深圳

品名：寿山石艾叶绿冻覆斗印

年份：明代以前

规格：印顶3.9×4.2厘米 印底4.2×7.2厘米 印高6.3厘米* 重430克

来源：好友广仁兄提供，全国仅此一例（旷世孤品）

* 本书尺寸均为厘米，下均省略。

**说明：**

    此印石是我好友广仁兄镇斋之宝，最贵重的藏品，据他说：收来前印底原刻印字已摸糊不清，故索性磨平印石，他本人是喜欢篆刻学"齐派"的，为了过个瘾，故在此印上刻了他的手迹，原本还要刻上边款，在我劝告下，暂放弃了，如刻上边款，不伦不类，那完完全全破坏了此印石的原味及价值。我还说，你已经破坏了原印底，破坏了历史，破坏了文物。为什么这么说，此印石有几百年来没人敢动它一刀，你非要在老虎头上拍苍蝇，动了它的手脚，是绝对错误的。我的观点是所有的旧东西都要保持原样、保持历史，弄巧成拙，那就反叛了历史，就是罪人。

    此石的原主人广仁兄说：那些寿山石收藏大家、专家不来认识一下此艾叶

绿大章的石性，及根源到底是不是，有没有明代艾叶绿印石存在（广仁兄插了一句，此印石还可以断定在此早些的年代）。胡乱发表不负贵任的学说"什么明代艾叶绿是不是存在，这不过是传说而已，是历史上的疑案"云云，完全是误导收藏寿山石爱好学者。

自从本人得知有此一大章，我亲临北方三次，找到主人，给我细观，手感触摸，也给我试了刀。第一感觉，此艾叶绿印石与月尾矿出的艾叶绿本质上有区别，受刀的感觉与挑出来的石屑完全是两个矿洞的概念。综合以上，确是方明代第一艾叶绿冻寿山石印章，照了很多相，才得到第一手资料。原主人说：此印石珍贵分量胜过田黄石，因稀罕、孤品，能解密。

此印石质地明净，冻透凝腻，富有光泽、包浆厚重，手感滋润，造型粗

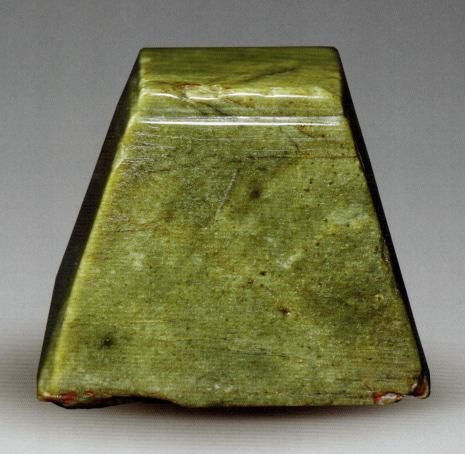

犷，青翠可爱，碧绿生辉，艾叶径脉清淅可见（萝卜纹）。

　　艾叶绿石，在绿色月尾石中，有浓如老叶者，称为艾叶绿，淡绿者称艾背绿，石质松，易干燥，需要保养。明朝福州名士谢在杭曾言：艾叶绿为寿山石第一，并说产自五花坑。然时至今日，尚未见五花坑的艾叶绿。北京故宫博物院藏寿山艾叶绿，实为月尾绿石，故此成为寿山石开采史上的疑案。

　　艾叶绿石，就是月尾石中的艾叶绿者，古人曾称其为寿山石第一，并流传有艾叶绿矿洞，经考察应为误传。

　　艾叶绿没有单独的坑洞，只是深绿色的月尾石，它最大的疵病就是多裂痕，这就是月尾石的通病。

　　艾叶绿简称"艾绿"，质地明净凝腻、富有光泽。南宋梁克家《淳熙三山志》中记裁："寿山石洁净如玉……五花石坑，相距数十里，红者、髹者、细者、紫者，惟艾绿者难得。"明代谢在杭评寿山石以"艾绿为第一"。可见古人十分推崇艾叶绿，甚至尊为寿山石之首。该石种的产地归属，数百年来颇有争议。

　　清代毛奇龄《后观石录》中，形容其色泽"绿色通明，而底渐至深碧色，独其住处稍白，则艾背叶矣"。"又日上半如碧玉，下半……又如西洋玻璃瓶"。清代郑杰《闽中灵》中世称"艾绿、色如艾叶初生，青翠可爱，不可多见，大者尤难。以上的评价，都生动地描绘出艾叶绿的质与色，绿而通灵者难得，青翠碧绿者可爱，绿又稍白者艾背绿也。由于梁克家所指之"五花石坑"没有具体的位置，之后的有关寿山石文字记载或各种石谱也没有"五花石坑"的记述，现代寿山石矿区中更无这个矿坑之名，所以古时的艾叶绿石到底出产于那里无从查考。现在研究寿山石的专家对艾绿石的产地有不同的看法。有人认为出产于月尾矿洞，有人认为出产于黄巢矿脉。

　　认为艾叶绿石出产于月尾矿洞者。对梁克家的"五花石坑"的理解是指五颜六色的寿山石矿坑，并非指某个特定的矿洞，面对"相距十数里"的理解是指寿山石矿区的范围。并认为寿山石中月尾石绿色最富有特色，至今仍有色如艾叶者。

　　认为艾叶绿石出产于黄巢矿脉的理由是，这个矿区相距寿山村十数里，历史上出产了不少党洋绿，鸭雄绿等上乘冻石，细腻洁润，透明度强。因为村民认为黄巢山是党洋村有"风水之山"，不能破坏，禁止开采，所以清朝以后这个矿洞绝产。以至此后很难见到所传之艾叶绿石。

　　两种对艾叶绿产地出处的看法，从以下二段话，可得以求证，清代郭柏苍在《闽产录异》中，有这么一段话"产于山洞者日'山坑'……名洞所产有肉红、有美人红、如薄纱笼肉、有瓜皮红，色如瓜瓤。有牛尾紫，有猪肝紫，有艾绿，有石绿，'良良'、'亦山坑'，多黄白二色……党洋亦寿山乡名，所产淡青藕色极似'青田'，有淡青者呼'觉洋绿'，逊于'艾绿一'。"郭柏苍的这段话，显然是把艾绿与月星紫共矿并列，并认为党洋绿逊于艾绿，由此可见，艾叶绿石产于月尾山。

　　艾叶绿石能得到人们的追崇，一是它的丽质可人，再是能称之为艾叶绿的少之又少。清代卞二济《寿山石记》中感叹，随着其他品种佳石"凿山博取"，而石之精者出焉，问有美玉者、泊着……其色不同，五色之中，深浅殊姿，缥者……旧传艾绿为止，今种种皆珍吴……庶天下知闽之奇如此。

　　现将月尾绿中色如艾叶者称之为"艾叶绿石"。在月尾艾叶绿石之中，又有因色与质的不同而得名者。如一：月尾艾绿背石，色淡绿，如艾叶之背，质质微坚，含白色斑纹，颇为稀罕。如二：月尾艾绿冻石，指质地温润凝腻的月尾艾叶绿石矿地，堪称石中极品，如三：月尾艾绿晶石，指质地晶莹通灵的艾月尾艾叶绿石矿块，不可多得，大者尤难。

　　此枚明代第一石——寿山艾叶绿冻大印，是根据此印的石性、色质、包浆、年份等确认的，决无仅有，乃旷世孤品。它用事实推翻了两个朝代关于寿山石艾叶绿是否存在的错误观点及某些论文的误导，包括当代寿山石大师及专家权威写出的论著中有某些偏差和异议，尤其这些大师、专家出版的图册刊物多有误导寿山石爱好者。

　　某些大师、专家如能看了此书，望能有一个深刻认识，要好好深刻反思。这是纠正两个朝代不明不白稀里糊涂的论述。还其一个真像，让寿山石爱好者见其穿越历史的璀璨光芒。

品名：寿山石云头砚（笔掭）
年份：清晚期
规格：19×12.5×2
来源：由香港拍卖行拍得，有紫檀托盘

**说明：**

　　左刻予曾游北平得辅忱叔父所赠寿山老坑艾叶绿云头石砚。又掭一方玩之，颇甚爱之。汉卿。

　　我认为此方砚是寿山石坑头冻石，但冻石处有点微绿，但不是老坑艾叶绿，是寿山薄荷冻。

　　此砚年份正确，有包浆，有使用过的痕迹。很老到、晚清的作品，"汉卿"疑为张学良将军。供读者参考。

品名：月尾坑艾叶绿荷花镇纸

年份：清代（同治年）

规格：14×8×2.8

来源：由北方古玩城敖兄转让（稀罕珍品）

**说明:**

　　此镇纸取材寿山石月尾坑艾叶绿,石质细润,色泽沉郁。正面随行巧雕荷叶连枝,经脉饱满,甚是灵韵,背有铭文带款。形色相溶,气息高古,格调高尚,此镇纸在2010年南京正大拍卖行拍出(石缝里雕有青蛙一只)。

品名：寿山石将军洞芙蓉对章
年份：清代
规格：3×3×7.8
来源：由香港艺术公司拍得，回流给我（旷世孤品）

## 说明：

将军洞芙蓉石的主要产洞，又名"天峰洞"。位于加良山顶，清初开凿后为某将军独霸，遂改称"将军洞"。此洞所出石，质地纯洁无瑕，温润凝嫩，细腻如脂，柔洁通灵，似玉而非玉，为芙蓉石上品。唯一特征，芙蓉石中常有粉白块似鸽粪，俗称"芙蓉屎"，实属石病，然又是用以辨别芙蓉石与他石之特征，后洞塌绝产。另一说法，将军独得大量佳石，恐后人得宝，一炸了之，遗石遂成稀珍。绝产后之将军洞芙蓉石，声名至今不减，今世上的藏品，皆白色，多为旧物，价值不逊于田黄石。

此石堪称四绝：

一、此对将军洞芙蓉石对章石品。福建寿山芙蓉石开发于明末清初之际，色泽以白色为典型，质地光润细洁，微透明如脂玉，甚得藏家喜爱。

乾隆年间"将军洞"凿后，芙蓉石身价剧增，与寿山田黄石，昌化鸡血石并称"印石三宝"。此对对章，因年代久远，火气褪尽，加上白里赭黄的芙蓉所特有包浆，更显沉稳内敛，似玉非玉，人见人爱，集芙蓉石最佳品质一身，当属上品，实属难得。

二、此对将军洞芙蓉对章钮雕。为虎螭，"螭虎"多为皇家钮式，双螭钮印，更寓成双成对之意。此对章所刻螭钮形象逼真，栩栩如生，浑朴可爱，刀法自然，线条流畅，十分难得。

三、此对将军洞芙蓉对章的篆刻豪壮、生动。此对章是福州百姓将寿山乡加良山从岩石中开凿出最好的白芙蓉印石进贡给乾隆进士、本州知县龚景瀚的，对章印面阴刻"龚景瀚"印，与阳刻的"海峰"字体，章法清新，运刀如笔，足见林雨苍篆刻功力。林氏原名林霍，字德澍，别署桃花洞口人，晚号晴坪老人。是清代乾嘉年间闽中治印高手。

四、此对将军洞芙蓉对章极具历史价值。此对将军洞芙蓉对章，不仅展示了寿山印材的自然美，而且全方位，多角度反映了中国古老的印章文化在当时社会的传承与影响，具有很高的审美价值和艺术魅力，也可进一步研究探讨福州地区开产的寿山石品的艰辛不易，还可研究乾隆时期治印刀法。他的历史文化艺术内涵远高于本身将军洞芙蓉石的经济价值，更显得弥足珍贵，绝无仅有。

此章集"四绝"一体，可称国家级文物，存世罕见，独一无二，在上世纪八十年代初由境外拍卖回流而得。

品名：昌化鸡血石山子原配底座
年份：清代晚期
规格：27 × 13.5 × 15
来源：由上海中福古玩城购得（稀罕珍品）

品名：汶洋石双狮子母章
年份：现代
规格：6.2×4×8.5
来源：由深圳石友戴生转让（稀罕珍品）

**品名：**汶洋石美女肖像方章
**年份：**现代
**规格：**3.3 × 3.3 × 5.5
**来源：**由深圳石友老游转让

**品名：**汶洋石京巴方章
**年份：**现代
**规格：**3 × 3 × 10
**来源：**由深圳石友小江转让

品名：汶洋石古狮方章
年份：现代
规格：2.5 × 2.5 × 10.5
来源：由石友小江转让

品名：汶洋石双狮字母方章
年份：现代
规格：2.7 × 2.7 × 7.8
来源：由石友小李转让

品名：汶洋石龙戏吐珠扁章

年份：现代

规格：3.3×3.3×6.5

来源：由深圳石友老游转让

品名：汶洋石古狮六棱扁章

年份：现代

规格：4.8×2.5×6.5

来源：由深圳石友老游转让

品名：汶洋石荷花方章
年份：现代
规格：3.6 × 3.6 × 6
来源：由杭州西博会上购

品名：汶洋石福贵竹圆章
年份：现代
规格：3 × 7.2
来源：由深圳石友老李转让

品名：汶洋石五龙戏珠扁章
年份：现代
规格：3.2×2×9
来源：由深圳石友老游转让

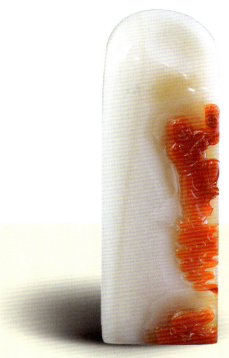

品名：汶洋晶石刘海戏蟾扁章
年份：现代
规格：3×1.7×9
来源：由深圳古玩城地摊购

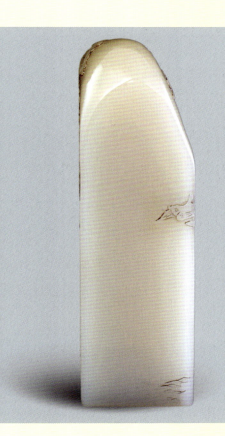

品名：汶洋石猫趣方章"子训款"
年份：现代
规格：2.8×2.8×8
来源：由深圳石友小江转让

品名：羊脂白汶洋石古狮方章
年份：现代
规格：2.9×2.9×8.8
来源：由杭州西博会购得（稀罕珍品）

品名：汶洋石古螭方章
年份：现代
规格：2.6×2.6×9.5
来源：由上海云洲古玩城购得

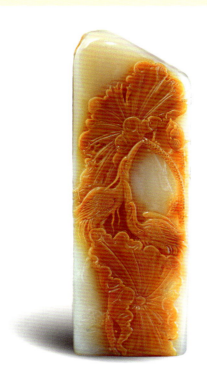

品名：汶洋石雕荷花仙鹤扁章
年份：现代
规格：3×1.6×8.5
来源：由深圳石友小朱转

**品名:** 芙蓉玻璃地醉米红对章
**年份:** 现代（旧工）
**规格:** 2×2×9
**来源:** 由香港拍卖行拍得
（稀罕精品）

**说明:**

此石非常难得，是芙蓉石中的神品。就是冻石间散落点点红花，质地异常通灵，颜色之浓类似于红牡丹，又如玛瑙，但比玛瑙更鲜艳。娇艳夺目，光彩照人。古人曾经用"琉璃满地、玛瑙堆盘"来比喻，非常别致，韵味十足。但产量稀少，而且少大石，称为芙蓉红花冻石。

品名：五彩芙蓉大方章
年份：现代
规格：6.2×6.2×10
来源：由深圳地摊上购（稀罕珍品）

品名：白芙蓉博古扁章
年份：现代
规格：4.5×2.3×7.6
来源：由深圳古玩城地摊购

品名：芙蓉青古兽方章
年份：现代
规格：3×3×9
来源：由上海云洲小陈店购得

品名：羊脂白芙蓉古兽方章
年份：现代
规格：3×3×7.7
来源：由深圳印石厂付生赠（稀罕珍品）

品名：花芙蓉五子同堂方章
年份：现代
规格：5.5×5.5×6
来源：由上海云洲古玩城购得

品名：红白芙蓉招财大方章
年份：现代
规格：6×6×6.5
来源：由香港拍卖行拍得

品名：浅雕花芙蓉大扁章
年份：现代
规格：6.6×3×7.2
来源：由深圳古玩城小朱转记

品名：黄芙蓉树下对坐方章
年份：现代
规格：4.2×3.4×8
来源：由深圳古玩城地摊购

品名：流沙芙蓉大方章
年份：现代
规格：5.2×5.2×8.8
来源：由杭州西博会上购（稀罕珍品）

品名：羊脂白荷花芙蓉方章
年份：现代
规格：2.8×2.6×10.3
来源：由深圳古玩城地摊购

品名：红芙蓉晶古螭扁章
年份：现代
规格：2.8×2.2×9.6
来源：由深圳石友老李转让

品名：花芙蓉鼻钮扁章
年份：现代
规格：4.3×2.1×7.2
来源：由深圳古玩城地摊购

品名：藕尖白芙蓉方章
年份：现代
规格：2.2×2.2×10
来源：由香港印石店购买

品名：蜡烛红芙蓉荷花方章
年份：现代
规格：3×3×8.3
来源：由深圳石友小朱转让

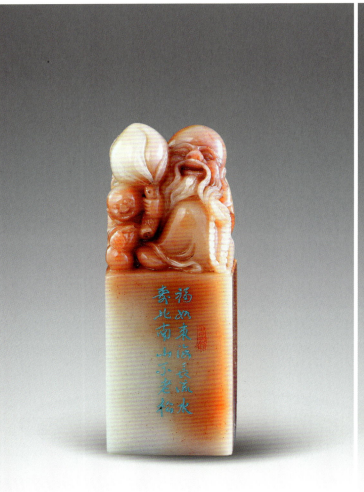

品名：花芙蓉寿仙扁章
年份：现代
规格：4×3×11
来源：由深圳印石厂付生赠

品名：桃花红芙蓉古兽扁章
年份：现代
规格：4.8×3.4×6.5
来源：由石友小戴购得

品名：红芙蓉晶古兽扁章
年份：现代
规格：5 × 2.7 × 7
来源：由香港印石店购得

品名：花芙蓉古兽方章
年份：现代
规格：2.8 × 2.8 × 13.5
来源：由深圳阿华店购

品名：红芙蓉博古方章
年份：现代
规格：3.2 × 3.2 × 4.5
来源：由石友小戴转让

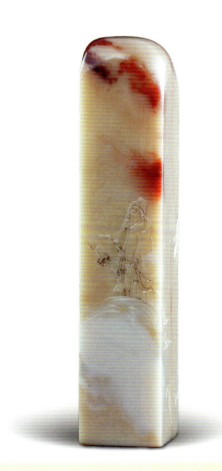

品名：豆耿芙蓉古狮方章
年份：现代
规格：2.7 × 2.7 × 9.5
来源：由石友小江转让

品名：花芙蓉雕老子上山方章
年份：现代
规格：3 × 3 × 15
来源：由石友老郭转让

品名：五彩芙蓉古鹰方章
年份：现代
规格：3.3 × 3.3 × 8.3
来源：由香港艺术公司陈生转让

品名：粉芙蓉太平有象方章
年份：现代
规格：2.8 × 2.8 × 10.5
来源：由石友小戴转让

品名：芙蓉青古兽方章
年份：现代
规格：3.5 × 3.5 × 9.2
来源：由石友老郭转让

品名：坤银洞花杜陵方章
年份：现代
规格：2.5×2.5×10
来源：由石友老游转让

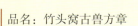

品名：竹头窝古兽方章
年份：现代
规格：2.2×2.2×8.2
来源：由香港印石店购得

品名：夹眼杜陵博古方章

年份：现代

规格：3.1×3.1×9.8

来源：由石友小戴转让（稀罕珍品）

品名：红杜陵五龙戏珠扁章
年份：现代
规格：5.7 × 3.7 × 8.5
来源：由石友小戴转让（稀罕珍品）

品名：黄杜陵古兽方章
年份：民国
规格：2.3×2.3×7
来源：由深圳石友老吴转让

品名：皆大欢喜荔枝冻方章
年份：现代
规格：3×3×11.8
来源：由深圳石友小朱转让

品名：花杜陵九龙大章
年份：现代
规格：4.3×4.3×12.5
来源：由香港艺术公司购得

品名：三彩荔枝冻方章
年份：现代
规格：2×2×5
来源：由香港拍卖行拍得（稀罕珍品）

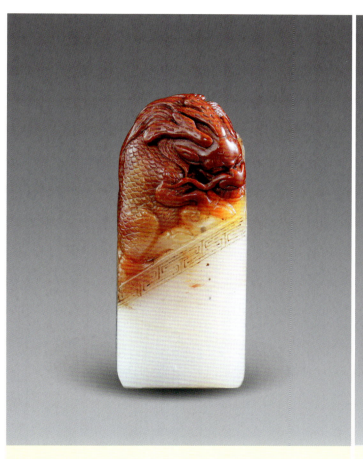

品名：双色荔枝冻古兽扁章
年份：现代
规格：2.3×1.5×5.5
来源：由香港拍卖行拍得

品名：高山硃砂冻古兽方章
年份：现代
规格：2.4×2.4×6
来源：由深圳石友小袁转让

品名：高山水洞雕鹅钮扁方章
年份：现代
规格：3.8×2.6×6.5
来源：由上海云洲古玩城小陈转让（稀罕珍品）

品名：高山水洞方章（石秀款）
年份：现代
规格：2.5×2.5×9.8
来源：由深圳石友小朱转让

品名：高山水洞素方章
年份：现代
规格：2×2×6.6
来源：由上海云洲城小陈转让

品名：高山水洞硃砂双螭方章
年份：现代
规格：2.9×2.9×5
来源：由深圳石友老游转让

品名：红高山水洞古兽方章
年份：现代
规格：2.3×2.3×7.5
来源：由深圳古玩城地摊购

品名：四股四高山古兽扁章
年份：现代
规格：3.5×1.9×7
来源：由深圳石友小袁转让

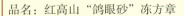

品名：红高山"鸽眼砂"冻方章
年份：现代
规格：3×2.8×6
来源：由香港艺术公司转让

品名：高山桃花冻薄意方章
年份：现代
规格：2×2×6
来源：由深圳石友小江转让

品名：红高山硃砂冻方章
年份：现代
规格：2.9 × 2.9 × 9
来源：由香港印石店购得

品名：高山硃砂冻双龙方章
年份：现代
规格：2.6 × 2.6 × 10
来源：由深圳小戴处购

品名：高山天竺冻瓦当方章
年份：现代
规格：3×3×5.5
来源：由深圳博雅公司购（稀罕珍品）

品名：水晶冻古兽方章
年份：现代（旧工）
规格：1.8×1.8×10.8
来源：由深圳博雅公司购

品名：高山牛角冻古龙方章
年份：现代
规格：2.9×2.9×9
来源：由深圳石友小袁转让

品名：鲎箕桃花冻扁方章
年份：现代
规格：3×2.4×8
来源：由深圳石友小江购得

品名：红高山古兽方章
年份：现代
规格：3.3×3.3×9.5
来源：由深圳石友小戴转让

品名：红高山雕古兽扁章
年份：现代
规格：3×2.5×11.5
来源：由香港拍卖行拍得

品名：红高山寿星大方章
年份：现代
规格：4.5×4.5×18.5
来源：由深圳石友阿华转让

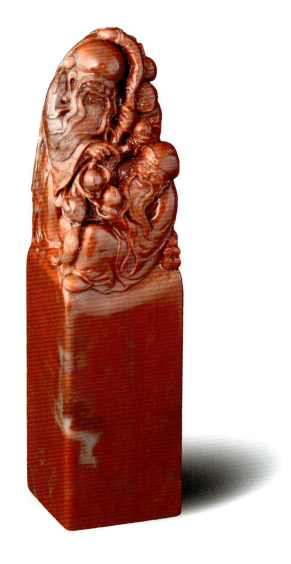

品名：高山环冻自然大章
年份：现代
规格：7.5×5×8
来源：由深圳印石厂付生送

品名：李红善伯冻刘海戏蟾方章
年份：现代
规格：3.1×3.1×11
来源：由深圳石友小朱转让（稀罕珍品）

品名：高山环冻方章
年份：现代
规格：2.6×2.6×10.5
来源：由香港拍卖行拍得

品名：善伯冻招财大扁章
年份：现代
规格：5.3×4.2×11
来源：由深圳石友小戴转让

品名：善伯冻黑蚂蚁方章
年份：现代
规格：3.4×3.4×7.3
来源：由香港拍卖行拍得

品名：白善伯冻薄意人物方章
年份：现代
规格：3×3×12
来源：由香港拍卖行拍得

品名：桃花红善伯冻古兽方章
年份：现代
规格：3×3×8.5
来源：由香港拍卖行拍得

品名：旗降薄意红梅花方章
年份：现代
规格：2.8×2.8×11
来源：由深圳石友小江转让

品名：善伯尾古狮方章
年份：现代
规格：3.8×3.8×10.8
来源：由深圳石友小朱转让

品名：善伯旗古狮方章
年份：现代
规格：4×4×10
来源：由深圳石友小江转让

品名：紫旗降神龟方章
年份：现代
规格：4×4×17
来源：由深圳书城阿祥转让

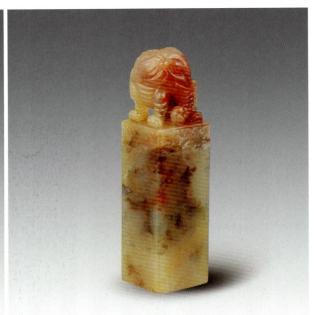

品名：水洞玛瑙太平有象方章
年份：现代
规格：2.9×2.9×11.5
来源：由深圳石友小江转让

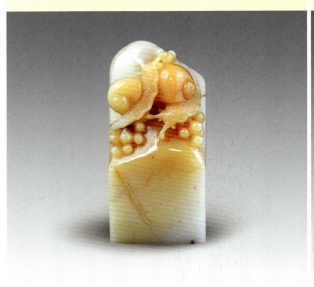

品名：金旗降蜗牛上树方章
年份：现代
规格：3.5×3×7.5
来源：由深圳石友小袁转让

品名：高山玛瑙朱砂红博古方章
年份：现代
规格：3.8×3.8×8.5
来源：由深圳石友小戴转让

品名：高山玛瑙五彩大章坯
年份：现代
规格：4.9 × 4.9 × 12
来源：由深圳石友小江转让（稀罕珍品）

品名：高山玛瑙冻神鹰方章
年份：现代
规格：3.5×3.5×17.5
来源：由深圳石友老郭转让

品名：高山玛瑙冻神鹰方章
年份：现代
规格：3×3×17
来源：由深圳石友老郭转让

品名：花坑晶方章
年份：现代
规格：3.5 × 3.5 × 5.8
来源：由香港艺术公司转让

品名：坑头砚水冻双狮方章
年份：现代
规格：3.2 × 3.2 × 15.5
来源：由深圳石友小朱转让

品名：坑头白古兽大方章
年份：现代
规格：4.8 × 4.8 × 9.5
来源：由香港艺术公司购得

品名：虎皮花坑冻方章
年份：现代
规格：3×3×8
来源：由深圳石友老李转让（稀罕珍品）

品名：鳝草冻薄意金鱼方章
年份：现代
规格：2.7×2.7×10
来源：由深圳石友小戴转让

品名：太极头薄意方章
年份：现代
规格：2.8×2.8×12
来源：由深圳石友小袁转让

品名：太极头薄意方章
年份：现代
规格：2.7×2.7×14
来源：由深圳石友小江转让

品名：太极头双色薄意对章

年份：现代

规格：2.3×2.3×11（二只相同）

来源：由香港拍卖行得（稀罕珍品）

品名：太极头带钮方章
年份：现代
规格：2.5×2.5×5
来源：由深圳古玩城地摊购

品名：鸡母窝五彩方章
年份：现代
规格：3.5×3.5×6

品名：鸡母窝雕牛钮方章
年份：现代
规格：2.8×2.8×9.5
来源：由深圳石友小江转让

品名：黄巢冻薄意方章
年份：现代
规格：3.4×3.4×7
来源：由深圳石友小朱转让

品名：虎嘴老岭晶博古方章
年份：现代
规格：2.6×2.6×7.5
来源：由深圳石友小袁转让

品名：松柏岭人物小方章
年份：现代
规格：2.1×2.1×5.8
来源：由深圳石友小袁转让

品名：尼古楼长方对章
年份：现代
规格：2.6×2.6×12二只相同
来源：由深圳石友老游转让

品名：鹿目格雕松竹梅随形大章（林荣基作品）
年份：现代
规格：8.0×6.0×13
来源：由香港艺术公司转让（稀罕珍品）

品名：月尾坑深绿冻五猴献桃大方章

年份：现代

规格：7×7×14

来源：由深圳博雅公司购得

品名：月尾坑艾叶绿博古方章

年份：现代

规格：2.8×2.8×9.8

来源：由云洲古玩城小陈转让

品名：金龙金星绿冻方章
年份：现代
规格：3.1×3.1×10
来源：肇庆广绿印石厂购得
　　　（旷世孤品）

品名：金星绿冻方章
年份：现代
规格：2.9 × 2.9 × 10.5
来源：肇庆广绿印石厂购

品名：金星、银星绿冻对章
年份：现代
规格：3.1×3.1×11.6（二只相同）
来源：肇庆广绿印石厂购（稀罕珍品）

品名：金星绿冻方章
年份：现代
规格：2.9×2.9×8.8
来源：由肇庆广绿印石厂购

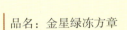

品名：金星绿冻方章
年份：现代
规格：2.9×2.9×10.8
来源：由肇庆广绿印石厂购

品名：绿头白冻扁方章
年份：现代
规格：4.3×2.9×10
来源：广宁县印石厂购

品名：绿白冻对章
年份：现代
规格：3×3×9.7（二只相同）
来源：由肇庆广绿印石厂购
　　　（稀罕珍品）

品名：桃花冻对章
年份：现代
规格：2.3×2.3×10（二只相同）
来源：广宁县印石厂购

品名：金星绿冻方章

年份：现代

规格：短2.5×2.5×7.6，长2.4×2.4×8.5

来源：肇庆广绿印石厂购

品名：金星绿老鹰图方章

年份：现代

规格：4×4×12.5

来源：广宁县印石厂购

品名：冻方章
年份：现代
规格：尺寸各异
来源：肇庆广绿印石厂购

品名：三彩冻处女对章

年份：现代

规格：5.2×5.2×12（二只相同）

来源：广宁县广绿印石厂购（旷世孤品）

品名：金晕绿冻对章

年份：现代

规格：2.5×2.5×8.2（二只相同）

来源：由广宁县广绿印石厂购

品名：三彩冻大对章
年份：现代
规格：5.5 × 5.5 × 12（二只相同）
来源：广宁县广绿印石厂购

品名：金星绿冻对章
年份：现代
规格：2×2×8（二只相同）
来源：由肇庆广绿印厂厂购

品名：绿冻有眼扁对章
年份：现代
规格：3.5×2×8.6（二只相同）
来源：广宁县广绿印石厂购

品名：三彩冻大对章
年份：现代
规格：3.9×3.9×9（二只相同）
来源：广宁县广绿印石厂购

品名：火焰山绿冻对章
年份：现代
规格：4×4×8（二只相同）
来源：广宁县广绿印石厂购

品名：翠绿冻圆扁章
年份：现代
规格：6.8×3.3×6.2
来源：广宁县广绿印石厂购

品名：黄绿冻小对章
年份：现代
规格：2.1×2.1×9.3（二只相同）
来源：广宁县广绿印石厂购

品名：绿冻长方大章（镇纸）
年份：现代
规格：4×4×23
来源：由广宁县广绿印石厂购得

品名：绿黄冻对章
年份：现代
规格：3×3×9.8（二只相同）
来源：由广宁县广绿印石厂购得

品名：三彩冻对章
年份：现代
规格：3.9×3.9×9.6（二只相同）
来源：由广宁县广绿印石厂购得

品名：冻章一批
年份：现代
规格：尺寸各异
来源：由广宁县广绿印石厂购买

品名：万里长城绿冻十四方章（一块石锯出）

年份：现代

规格：2.5×2.5×7.2（每方尺寸）

来源：由广宁县广绿印石厂购

品名：冰纹绿冻大对章
年份：现代
规格：6×6×13（二只相同）
来源：由广宁县广绿印石厂购

品名：三彩大方章
年份：现代
规格：11×11×22
来源：由广宁县广绿印石厂购

品名：三彩大方章
年份：现代
规格：11.3×11.3×20
来源：由广宁县广绿印石厂购得

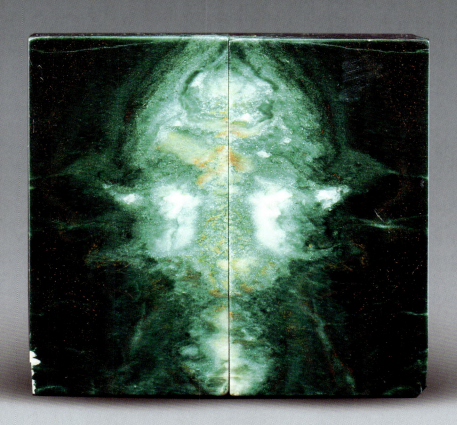

品名：绿冻脸谱大对章
年份：现代
规格：8×8×14.5（二只相同）
来源：由广宁县广绿印石厂购得

品名：金星绿冻大对章

年份：现代

规格：4.2×4.2×8.2，4.2×4.2×8.5

来源：由肇庆广绿印石厂购得（旷世孤品）

品名：白绿冻对章
年份：现代
规格：4×4×10（二只相同）
来源：由广宁县广绿印石厂购得

品名：绿冻大对章
年份：现代
规格：4.8×4.8×10.8（二只相同）
来源：广宁县广绿印石厂购

品名：广东绿、翡翠色大对章
年份：现代
规格：$8 \times 8 \times 13.8$，$7 \times 7 \times 13.5$
来源：由广宁县广绿印石厂购得

品名：金星绿冻方章
年份：现代
规格：$3.2 \times 3.2 \times 9$
来源：肇庆广绿印石厂购

品名：金晕绿冻特大方章
年份：现代
规格：14.5×14.5×27
来源：广宁县广绿印石厂购（稀罕珍品）

品名：青田封门蓝星石章
年份：现代
规格：3×3×11.6
来源：由深圳石友小戴转让

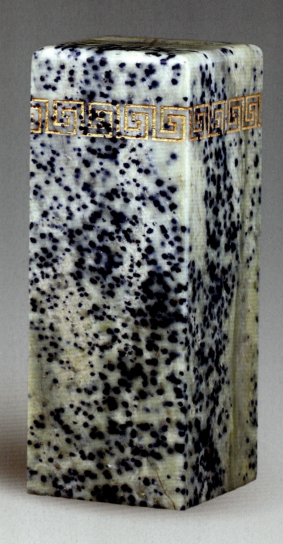

品名：青田封门蓝星石章
年份：现代
规格：5×5×13
来源：由深圳石友小戴转让

品名：蝉形田黄冻石（林平）
年份：现代
规格：5×3×1.5
来源：由香港艺术公司购得

品名：虎皮花坑晶虎
年份：现代
规格：5×4×3.8
来源：由香港艺术公司购得

品名：虎皮花坑镇纸
年份：现代
规格：8×6×5.5
来源：石友小江购

品名：芙蓉石寿星（石林）
年份：现代
规格：4.5×4.5×7
来源：由石友小戴转让

品名：芙蓉石仿古观音像
年份：现代
规格：7.5×4×11
来源：由上海中福古玩城购

品名：杜陵金蟾镇纸
年份：现代
规格：7×4.5×6.5
来源：香港拍卖行拍得

品名：昌化鸡血方镇纸
年份：现代
规格：8×8×9.5
来源：由深圳石友小江购得

品名：红皮翡翠雄鸡

年份：现代

规格：9×8×17.5

来源：由深圳翡翠店购得

品名：花芙蓉雕花果摆件
年份：现代
规格：16×9×8
来源：由香港艺术公司购得

品名：花芙蓉弥勒佛摆件
年份：现代
规格：15×9×18
来源：由深圳印石厂付老板送

品名：水洞硃砂大龙虾摆件
年份：现代
规格：14×5×8
来源：由香港艺术公司购得（稀罕珍品）

品名：青田石西游记笔架山子
年份：上世纪六十年代
规格：19×8×11
来源：上世纪八十年代在深圳古玩店购得

品名：红旗降刘海戏蟾小摆件（郑成水刻）

年份：现代

规格：6.5×2.5×12

来源：由香港艺术公司购得

品名：昌化石水草花大摆件
年份：现代
规格：16×18×33（二块相同）
来源：由深圳印石厂购得（稀罕珍品）

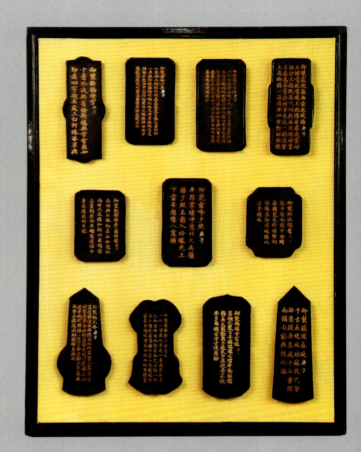

品名：御题西湖四十五景诗墨
规格：一套四盒，四十五锭
来源：由曹素功墨厂（现上海墨厂）库存购得（稀罕珍品）

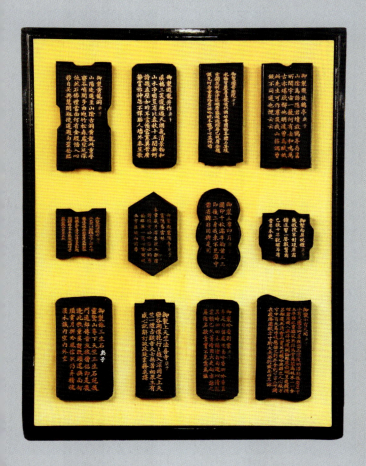

　　八十年代墨厂转型，把库房里旧墨、存墨全部卖出变现。此时我买进相当一部分旧墨。现上海笔墨博物馆展出类似一套。

品名：梅兰竹菊套墨
年份：晚清
规格：四条一套
来源：由绩溪曹素切墨厂购得（库房旧存）

品名：铁斋翁包金墨、大好山水
年份：上世纪七十年代
规格：500克/条
来源：上海墨厂购得

品名：光彩陆离、中国书画墨一对
年份：上世纪七十年代
规格：500克/条（原版）
来源：由上海墨厂购得，"文革"文物（稀罕珍品）

特級油煙一○一

**说明：**

    上海墨厂接到部里通知，根据中央要求，设计制造符合当时社会政治需求，特定限量生产此墨。实际上比"毛瓷7501"还要珍贵。目前上海笔墨博物馆展出两条，还是为了开此博物馆，修模后再生产，金粉、银粉成色完全不同。

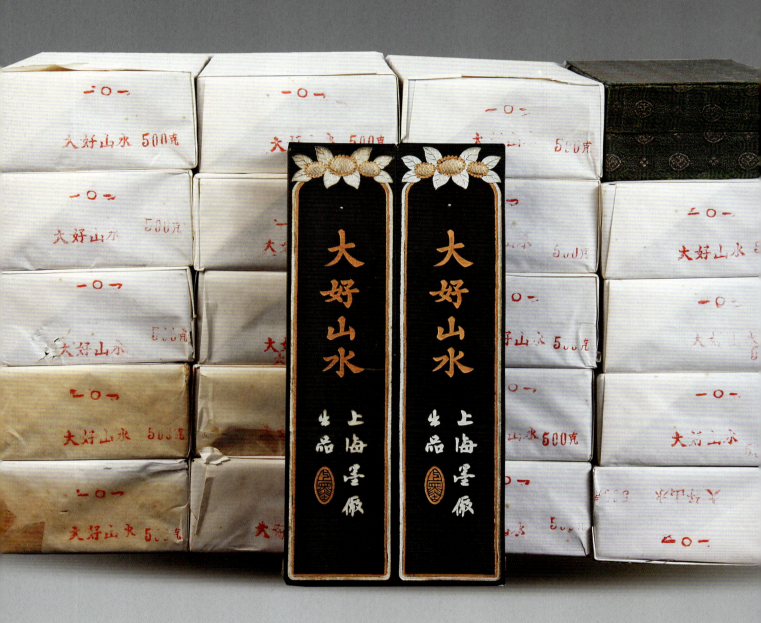

品名：大好山水大墨
年份：上世纪七十年代
规格：500克/条　22条
来源：由上海墨厂购得

品名：万紫千红、神韵
年份：上世纪七十年代
规格：500克/条
来源：由上海墨厂购得

品名：方墨

年份：清晚期

规格：10.6 × 10.2 × 1.9

来源：由深圳古玩城小范购得

品名: 陶釉大花盆（大眼底）

年份: 清早期

规格: 直径28，底径17，高20

来源: 上世纪八十年代在常州购得

**说明:**

　　上世纪九十年代前后，我上海老家在拆迁中，由大哥负责大家庭搬迁几次，我与二哥已外出，多亏大哥对此二只花盆的惜爱，加以保护，所幸完美保存至今，相当不易。

品名: 陶釉大花盆 (大眼底)
年份: 清早期
规格: 直径31, 底径18.5, 高20
来源: 上世纪八十年代在常州购得

品名: **法华彩花鸟罐（陶制）**
年份: 明初
规格: 高13
来源: 由深圳文物公司购

品名: 龙泉窑瓜梨形水注
年份: 宋代
规格: 高9.2
来源: 由深圳古玩城地摊购

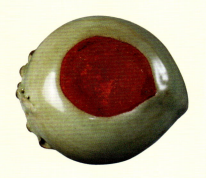

品名：龙泉窑笔洗（粉青）

年份：元代

规格：直径16.5，高7

来源：由深圳文物公司购

（稀罕珍品）

品名: 龙泉窑罐（梅子青）

年份: 明代

规格: 高14.2

来源: 由上海中福古玩城购

**说明:**

说明: 据卖家说（解放前由上海松江地区出土）

品名: 龙泉窑八卦洗（香炉）
年份: 明代
规格: 直径28.8，高13
来源: 上世纪八十年代由浙江龙泉地区购

 古瓷 | 119

品名: 吉州窑玉春壶瓶
年份: 宋代以前
规格: 高17.7
来源: 由深圳古玩城购

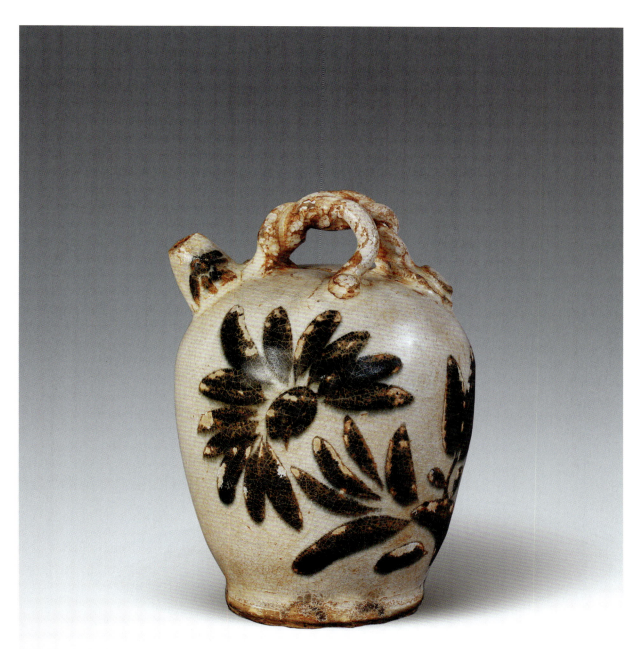

品名: 青花倒水注 (云南窑)

年份: 清代

规格: 高15

来源: 由深圳古玩城购

品名: 小水注陶罐
年份: 晋以前
规格: 高6.5
来源: 深圳地摊购

品名: 窑变水盂
年份: 清代
规格: 高7.8
来源: 由父亲好友转让

品名: 定窑莲花杯
年份: 北宋
规格: 直径11.2, 高5.8
来源: 深圳文物店购

品名: 炉钧窑水滴
年份: 清代
规格: 直径8, 高5.1
来源: 深圳古玩城购

品名: 豇豆红水盂
年份: 清代
规格: 高7
来源: 由深圳文物店购

品名: 钧窑水盂
年份: 清代
规格: 直径4.5，高3.8
来源: 香港艺术公司购

品名: 百子图印泥缸
年份: 清代《大清光绪年制》
规格: 直径8，高3.6
来源: 上海老城隍庙购

品名: 大清光绪年制青花赏瓶一对
年份: 清代
规格: 高39.5
来源: 一九八九年由深圳博雅文物公司购（稀罕珍品）

品名：九谷瓷茶具一套
年份：日本江户时期（十七至十九世纪）
规格：五杯一壶/套；杯尺寸：直径8.2，高5.2；壶尺寸：
　　　圆直径10.8，高8.2；原装东京木盆尺寸：直径：
　　　36，高14.5
来源：上世纪八十年代由上海文物店购得（稀罕珍品）

**说明：**
　　日本皇室专用瓷。此套杯壶经过第二次世界大战，受到战争的洗炼，仍能完美留到至今，相当不易。

品名: 素三彩佛手笔洗
年份: 清代
规格: 长20，高7.8
来源: 由深圳地摊购

品名: 青花笔洗
年份: 清代（道光）
规格: 直径16，高8.5
来源: 深圳文物商店购

品名: 仿哥窑笔洗
年份: 清代
规格: 直径16.3，高6.2
来源: 深圳文物店购

品名: 文彭刻廉吏石砚
年份: 明代
规格: 保密
来源: 由香港艺术公司购得（境外回流，矿世孤品）

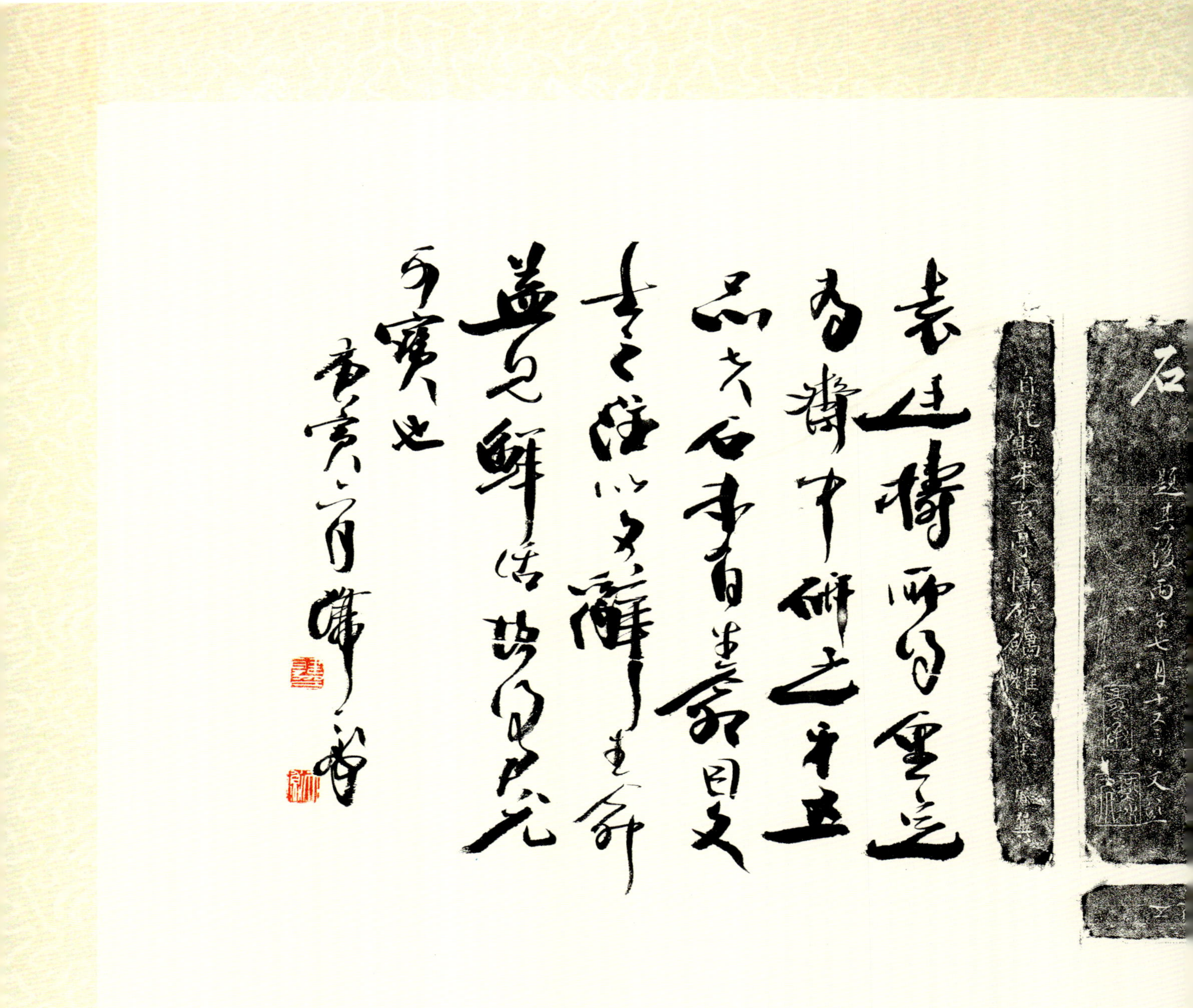

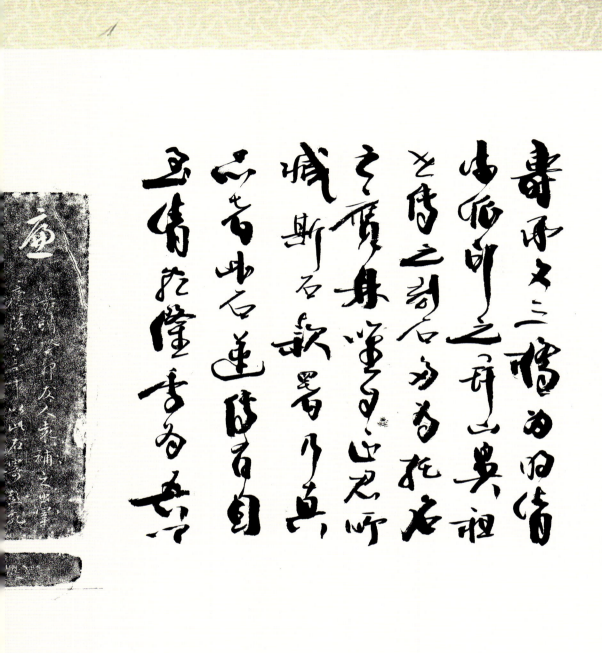

文彭刻廉吏石砚韩天衡鉴定书

中有二方陰文印章，上側長方印壽承，下側為方形「燕冰居」三字印，排列勻稱規範，銘文鐫刻皆闊刃刀，歙石質硬逾端較難受刀，然其刀法精練運刀如筆瀟洒于練，將支氏刀法意境表現得淋漓盡致以于之陋見該石以廉吏石名之其義有二：表補之為官清廉寄贈好友仪于齋中之一方素硯更見其性二該硯石方正光素反映了硯主人規矩之性格和樸素廉潔的作風，故其償值應雖文彭之印章及邊款多矣。

庚寅仲秋 嚴國馨 于滬上

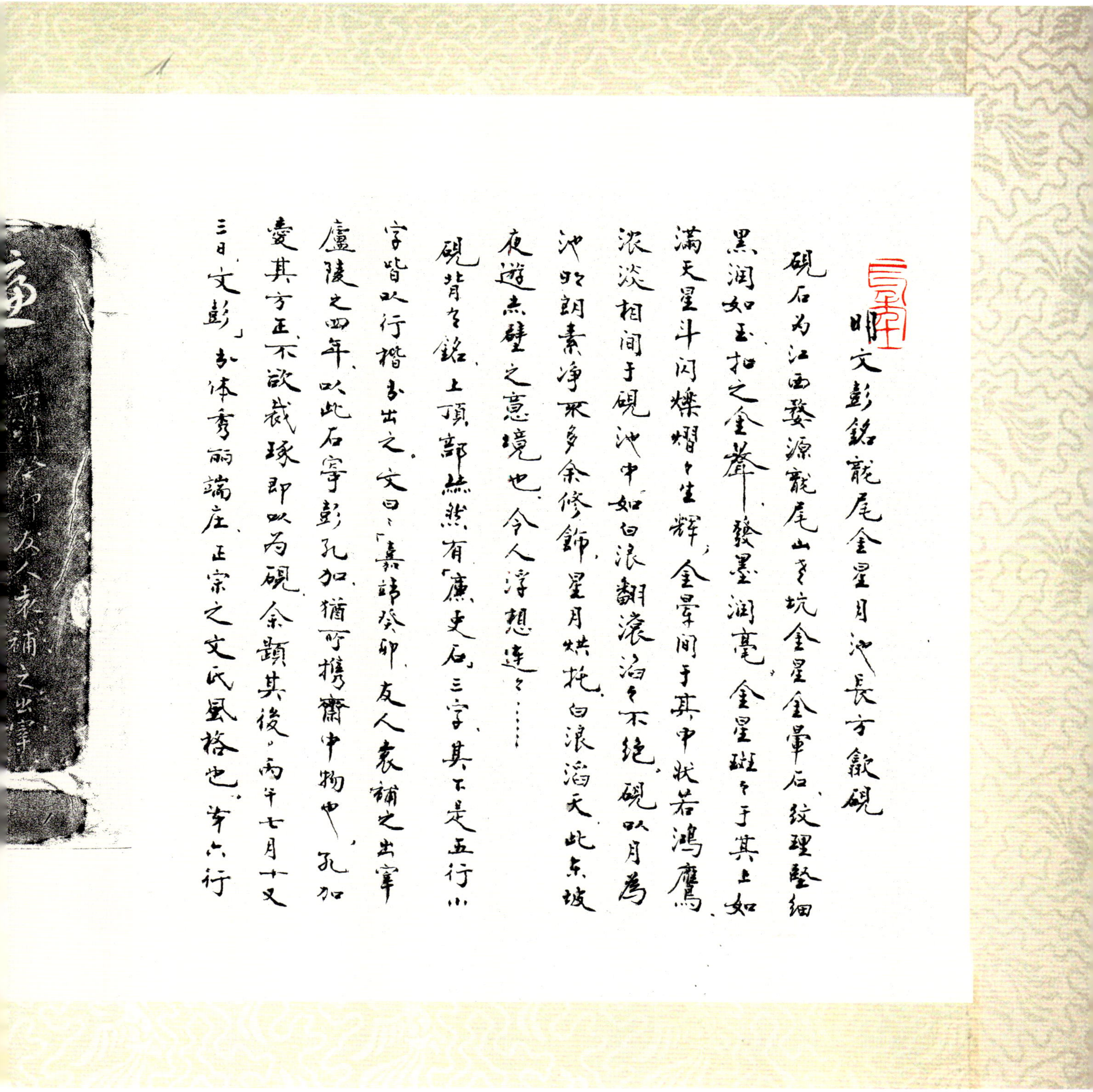

明文彭銘龍尾金星月沚長方歙硯

硯石為江西婺源龍尾山之坑金星金暈石，紋理瑩細

黑潤如玉扣之金聲，發墨潤毫，金星碰々于其上如

滿天星斗閃爍熠々生輝，金暈間于其中狀若鴻鷹

浪淡相間于硯沚中如白浪翻滚滔々不絕硯叺月為

沚叻朗素凈取多余修飾星月烘托白浪滔天此東坡

夜遊赤壁之意境也。今人浮想連々……

硯背之銘上頂部燦然有「廉吏石」三字其下是五行小

字皆叺行楷書出之，文曰：「嘉靖癸卯友人袁補之出宰

廬陵之四年以此石寧彭孔加猶吖攜齋中物也孔加

變其方正不欲裁琢即以為硯余顯其後丙午七月十又

三日「文彭」此係秀丽端庄正宗之文氏風格也，岁六行

文彭刻廉吏石硯蔡国声鉴定书

说明：

　　此歙州石砚，属龙尾山金星金晕旧坑石，砚作长方形，色青黑，脉理坚劲，细润如玉，全体金星、金晕，晕如鸿鹰，满天星斗，中间一片滔滔，白浪翻滚，以月为池，反面文彭刻铭落款，两侧有传世铭文及落款，包浆浓厚，系龙尾山旧坑石良材而作。

　　文彭（1498-1573），字寿承、号三桥、江苏长洲(今苏州)人。明吴门四大才子之一文徵明之长子。家学渊博，能诗能文，画山水苍郁似吴镇（元朝人，号梅花道人）。对印学、古文字学都有较深造诣。文彭是振兴明清流派印章先锋。在明初印坛杂芜的情况下，力矫时弊，道踪秦汉印章的精髓，并渗入了自己强烈的艺术个性，高举拨乱反正的大旗，使秦汉后过于冷清的印坛又变得生机勃勃。由于他对篆刻艺术的发展有重要影响，后人称他是明朝第一把刀。

　　此碑刻右侧刻明朝大文学家，张凤翼收藏款。

　　此碑刻底部刻清代大收藏家，袁廷梼收藏款。

我认为此作品是文彭唯一存世的一件完美雕刻绝作大品，也是一集极品石质，名家手制，名人题铭，名家收藏，题咏于一体的绝世孤品。

在一九四九年国民党败退大陆时，把故宫大部分国宝文物运往台湾，其中就有乾隆藏玩之文彭所刻十一方套印。现经专家一致确认为是仿品。

综上：

一、清乾隆皇帝御集天下名家之印章，不幸也被中招，说明仿品、赝品自古以来就有很大的市场。这也是中华传统文化千年来传承的一部份，而不能凭目前市场上的仿品，赝品就说泛滥成灾，一棍子打死。

在市场中，哪里有这么多的真品来满足玩家的心愿，总要留下一口饭给那些制造者生存的机会，不然的话，玩家、鉴定家就没有比较，就没有进步，没有智慧，没有辨比的能力。没有市场，玩起来没劲，就会失去一部份玩家。

二、文彭的作品，流传在市场上很少，但据我了解一万件作品有一件是真品，已经很了不起了，存世真品是极少极少的。我曾拿了此件作品到韩天衡先生家，请他评解一下。能目睹明代第一把刀，文彭作品，他拿在手里也在颤抖，相当兴奋。他叫他儿子也过来看看，说：这样的作品对篆刻家、书法家而言是一辈子所渴望、梦想的。能有此机会看到、摸到，就是过了这个村，没有下个店，以后很可能再也没机会看到此类真迹了。并且还说："我是篆刻家、院长，此方作品应该属于我的才对，怎么会到你手上？太不公平了。"我说："韩老师，您拥有太多太多的文化艺术品及头衔，我是从零开始，艰难走到今天，已很不容易，让我拥有一件老师你能看上眼的东西，我已经心满意足了。"最后韩老师主动帮我写了此份行书鉴定书。在这里我谢谢韩老师。他还给我留下了手迹。真是太美妙了，一举两得，好事成双，此机会千载难逢。

在这里也要感谢蔡国声先生，我拿了此件作品去他家帮我评解一下，蔡老师说：是件好东西，很难见到，我从事杂项鉴定到现在几十年中还是第一次看到文彭这么大的真品。

品名：歙州石鳅背纹圆砚
年份：宋代
规格：13.9 × 2.5
来源：由黄山市老街购得

**说明：**

　　此砚属龙尾山鱼子纹石，砚作马蹄形、色苍碧、质坚密莹润，圆形砚堂微微凸出向前略斜，砚边缘斜，缘体内敛，作工简而精、清新秀逸。此砚石布满鱼子水草纹，一条泥鳅有头、有鳃、有尾，清晰可见，恰到好处地游荡在水草中，可见天工造极之高超完美。

品名: 歙州石眉纹抄手砚
年份: 明代
规格: 23.5 × 12.6 × 8.6
来源: 由黄山市老街购得

品名: 歙州石金星仿古砚
年份: 民国
规格: 19.5 × 14 × 3
来源: 由香港拍卖行拍得

**说明：**

　　此卵石属龙尾山旧坑石，色青黑，石质脉理坚劲，极为坚密，细润如玉，发黑如泛油，磨之无声，久用不损笔毫。水坑卵石整块银木纹清晰，折光闪烂，并有隐隐白纹成山水，二条粗壮浓艳长眉子通天通地，经过千百年河底冲洗，天然包浆浓厚，因而若用指弹石，其声为古人所谓的金声，高远清澈，令人赏心悦目。其石采之美，纹理之清晰尤为难得。

品名：歙州石长眉纹原石
年份：天然
规格：21.2 × 12.5 × 3.6
来源：由黄山市歙县所得（稀罕珍品）

品名: 歙州石眉纹虎形砚

年份: 民国

规格: 22 × 12 × 3

来源: 由黄山市老街购得

品名: 歙州石眉纹佛手砚
年份: 清代（原配漆盒）
规格: 12.5× 6.2 × 2.2
来源: 由香港拍卖行拍得（稀罕孤品）

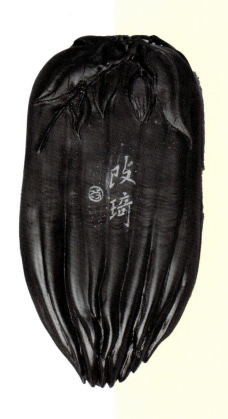

**说明：**

　　此歙州石砚，系龙尾山旧坑石，色青黑脉理坚密，细腻如月，墨池中几条纹眉美丽可爱，作品人见人爱，砚作精雕佛手、工艺精湛，圆雕而成，佛手舒展、卷曲有致，似有握拳之态，蒂生枝叶相连，姿态优美，枝叶上棕点麻皮逼真。枝叶中刻阴文"改琦"楷书款。此砚精工细竹，包浆浓厚，滋润欲滴，原装漆盒，佛手谐音"福寿"，为幸福、长寿、吉祥之物，是清代一种极为流行的贺礼与文房用品及摆设的器物。

　　改琦（1774—1828），清画家，字伯蕴，号香白，又号七芗，别号玉壶外史，其先本西域人，家松江（今上海）。幼通敏，工人物，笔姿秀逸。尝取蒋捷句绘少年听雨图，题者甚众。嘉庆二十一年作《红楼梦图咏》，著《玉壶山人集》。

品名: 端石坑仔, 五指平板砚, 原配红木盒
年份: 清代
规格: 21 × 13.8 × 3.5
来源: 由黄山市砚友处购得

品名: 端石麻子坑, 龙戏珠端砚, 原配红木盒
年份: 清代
规格: 21.8 × 13.3 × 1.9
来源: 由香港拍卖行拍得

品名：端石大西洞石涛用砚（石涛款，原配红木盒）
年份：清代
规格：12.5 × 14.8 × 1.5
来源：由香港艺术公司转让（境外回流，稀罕孤品）

**说明：**

    此砚属端州老坑大西洞石，是清代早期优质端石。砚作随形，半雕半璞，砚面略呈风字形，平坦，无雕塑，受墨处微微下凹，砚额浅挖出偃月形墨池，砚底随形。

    该大西洞石的砚品尽显砚面，集金线、朱砂红、玫瑰紫、青花、火捺、鱼脑冻、黄龙等于一身，石质极其润滑细腻，胜于婴儿肌肤。原配红木漆盒，盒上铭"石涛济山僧一枝阁中书画砚 瞎尊者"，字体内嵌入朱砂漆，应是"清初四画侩"之一石涛先生的用砚，属稀世珍品，绝无仅有，系国宝级文物。

    该酸枝木砚盒系原块木材雕出，虽非素无华，然工艺精湛，尤以砚盒盖周边的阳文细线，能体现其功力很难想象古时，用何神工具加工出此阳文线条（本作者曾经做过木工家具五年以上也不能解释）。亦可证该砚盒系清初之物。

品名: 坑仔端砚, 龙戏珠砚, 原配红木盒
年份: 清代
规格: 22.2 × 14.8 × 3
来源: 由香港拍卖行拍得

品名: 麻子坑, 平板端砚, 原配红木盒
年份: 清代
规格: 19.5 × 13.3 × 2.4
来源: 由香港拍卖行拍得

品名：端砚，老麻子坑福到籽石砚，原配红木盒
年份：清晚期
规格：17 × 14.5 × 3.8
来源：由上海多宝古玩城购得

品名: 大西洞平板端砚
年份: 清代
规格: 18.2 × 12.3 × 2.4
来源: 由上海友谊商店购得

说明:
　　海南黄花梨原配盒，稀罕品

品名: 端石, 坑仔平板砚一对, 原配红木盒
年份: 清代
规格: 19 × 12.8 × 1.9二只相同
来源: 由深圳博雅公司购得

品名: 端石，老坑平板对砚
年份: 现代
规格: 21 × 13.5 × 2.6 二只相同
来源: 由中国工艺美术大师梁焕明作

品名: 澄泥虎形砚

年份: 唐代(出土)

规格: 16 × 11 × 5.2

来源: 由安徽墨厂购得(孤品)

**说明:**

额上刻有"王"字。砚背刻有"虎伏"二字, 并有虎爪印。

品名: 澄泥, 蟹壳青抄手砚
年份: 宋代
规格: 28.5 × 18.3 × 6.2
来源: 由黄山市老街上购得

品名: 澄泥、蟹壳青风字砚
年份: 明初
规格: 20.5 × 16.8 × 3
来源: 由杭州砚友转让

品名: 澄泥, 豆瓣沙淌池瓦形砚, 原配漆盒
年份: 明代
规格: 26.6 × 17.5 × 3.1
来源: 由杭州砚友转让（稀罕珍品）

品名: 澄泥，鳝鱼黄长方官砚
年份: 清代（原配朱砂红木盒）
规格: 32 × 19.5 × 4
来源: 由杭州砚友林生转让

品名: 澄泥, 牛池大砚
年份: 清代
规格: 33.5 × 21.5 × 12.5 (有24.1kg)
来源: 由安徽文物总店购得

品名：仿大汉十年未央宫东阁瓦砚
年份：清代
规格：16.8 × 10.3 × 2
来源：由上海多宝城古玩店购得（原配荔枝木木盒）

**说明：**

    林佶（1660—？），字吉人，号鹿原，福建侯官人，清康熙五十一年（1712）进士，官中书舍人。工书善篆、隶，尤精小楷。

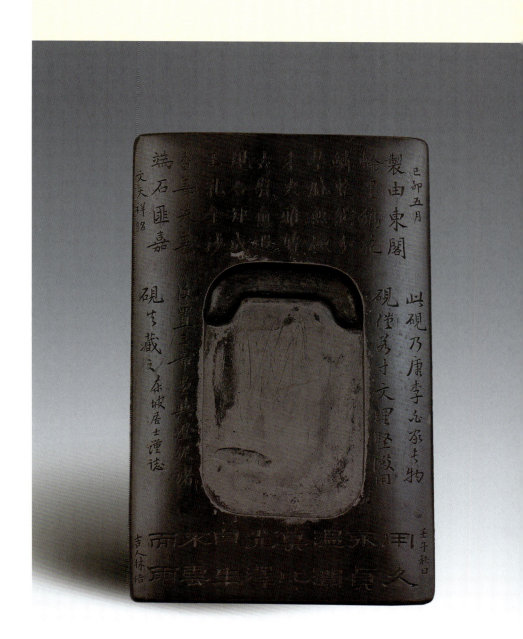

品名: 白端平板砚
年份: 清代
规格: 18.5 × 12.6 × 2.4
来源: 由上海友谊商店购得（稀罕珍品）

品名：方竹毛笔三支，罗汉竹毛笔一支
年份：清代
规格：方竹笔长28.5，罗汉笔长38
来源：由香港拍卖行拍得

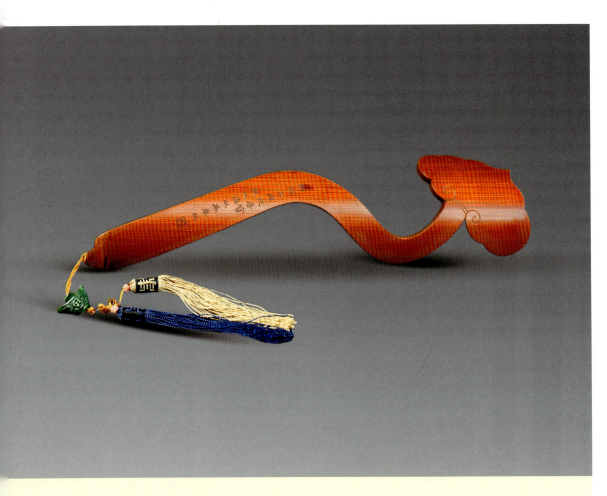

品名：竹雕如意（封云生款）

年份：清代

规格：长38.5

来源：由深圳古玩城小吕转让（旷世孤品）

**说明：**

　　封鼎，号云生，嘉定（今属上海）人。活动于清乾隆、嘉庆年间。封氏后裔，善镂人物，亦工陷地刻法。原配一对长须，绣有一对寿字，并挂上镂空雕碧玉"元宝"含义是满贯金山，长长寿寿。

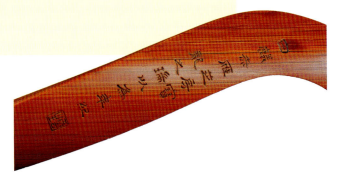

品名：吴湖帆刻"君子遗风"书卷笔筒（沉香木底座）

年份：现代

规格：直径14.5×15.5

来源：由深圳古玩城小吕店购得（孤品）

说明：
　　海派大师吴湖帆刻"书、诗、画、印，"竹笔筒、目前国内仅此一例。

　　吴湖帆（1894—1968），江苏苏州人。吴大澂嗣孙。初名翼燕，字遹骏，后更名万，字东庄，又名倩，别署丑簃，号倩庵，书画署名湖帆。建国后任上海中国画院筹备委员、画师，中国美术家协会上海分会副主席、上海市文史馆馆员、上海市文物保管委员会委员等。是海派画家代表人物，二十世纪中国画坛重要画家之一。收藏宏富，善鉴别。

品名：罗汉竹笔筒（王補云款）
年份：清代
规格：直径8.3 × 13.2
来源：由深圳古玩城小吕转让（稀罕珍品）


说明：
　　王巘，字補云，乾隆时江苏吴江人。山水全学董源、
巨然，多画一木一石，人咸珍之。

品名：铜胎鎏金掐丝珐琅彩三羊尊
年份：清代（乾隆年制款）
规格：直径17，高35
来源：由上海友谊商店购得（稀罕珍品）

品名：铜胎鎏金掐丝珐琅彩墨盒
年份：清代（乾隆年制款）
规格：10.6 × 8 × 4.5
来源：由深圳石玩城杜姐购得

说明：
原配紫檀底座

品名：象牙小笔筒
年份：现代
规格：直径5.6×10
来源：上海多宝古玩城购得

品名：象牙螃蟹一对
年份：上世纪六十年代
规格：宽23.5
来源：由香港拍卖行拍得

**说明：**

  陈云，中山人，上世纪五十年代广州象牙雕刻厂工艺大师，整个作品雕刻得精致细腻，活灵活现。蟹壳、蟹爪毛绒，多能清晰可见，栩栩如生，蟹的每个关节多能自如展开缩紧，像鲜活的大闸蟹一样爬行自如，尤其一对眼都能转动，工艺极其精湛，雕刻手法，炉火纯青，此工艺已绝。

品名：酸枝瓦楞小笔筒
年份：清代
规格：直径5×10
来源：上海中福古玩城购得

品名：酸枝小笔筒
年份：清代
规格：直径5.8×10
来源：深圳古玩城购得

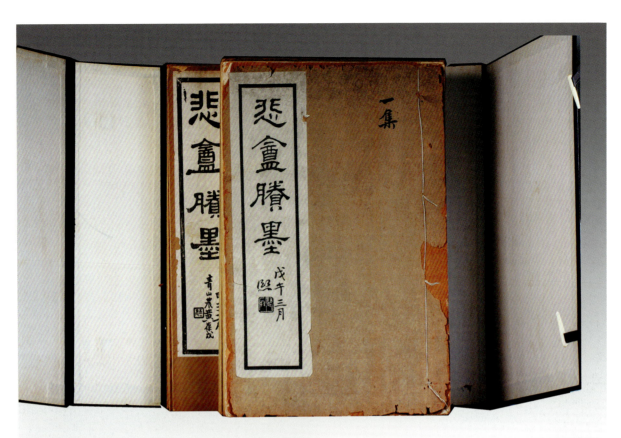

品名：悲盦胜賸墨

年份：清末民初

规格：十册一函

来源：由香港艺术公司购

品名：海南黄花梨观音像
　　　（陈锦堂款）

年份：民国

规格：高32

来源：深圳古玩城老李转让

品名：海南黄花梨笔筒（文嘉款）
年份：明代
规格：直径12.8×13.9
来源：由上海友谊商店购得（旷世孤品）

**说明：**
笔筒上刻款文山道人长洲款

品名：海南黄花梨笔筒
年份：明代早期
规格：直径5.9 高9.3
来源：由深圳古玩城小吕购得

品名：海南黄花梨笔筒一对
年份：清早期
规格：直径19×18.5  19×18
来源：由深圳古玩城地摊购

**说明：**

    此对海南黄花梨笔筒是我很成功的例子。二〇一〇年深圳文博会景点，深圳古玩城地摊上购得。当时从江西来的地摊商说是老红木材做的老笔筒，开价二万元。两只笔筒里里外外全是黑呼呼的老包浆、很难看清木质。但我已交了很多学费，学会看懂一点木的材质，尤其是海南黄花梨是我专攻的目标，我拿起两只笔筒从手感上、重量上、气味上，已了解九成是海黄大笔筒一对。我假装不懂与地摊客讨价还价，最后五千元成交。拿回家，表面用五千号砂纸一打即刻发出浓厚木料香味，就出现了目前的效果。双胞胎一对，完美、靓丽，市场上很难见到此对笔筒，里面包浆原样没动。

**品名：**海南黄花梨笔筒
**年份：**明代
**规格：**直径6.3 高10.6
**来源：**由深圳古玩城小吕购

**说明：**
典型明代精品

品名：海南黄花梨笔筒
年份：明代
规格：直径7.3 高10.9
来源：由香港工艺展销会购

品名：海南黄花梨笔筒
年份：明代
规格：直径6.7×10.8
来源：由上海有方古玩城购

品名：*海南黄花梨笔筒*
年份：**清仿明**
规格：直径7.2×10.8
来源：由上海有方古玩城购

品名：海南黄花梨笔筒（有三足）
年份：明代
规格：直径12.2×14.5
来源：香港购买（稀罕珍品）

品名：海南黄花梨竹节笔筒
年份：明代
规格：直径12.2 × 14.5
来源：香港艺术公司购，由深圳古
　　　玩城小吕转让（稀罕珍品）

**说明：**
　　有香港艺术中心证书。此笔筒口沿
打洼。

品名：海南黄花梨笔筒

年份：明末清初

规格：直径18 × 17.8

来源：由香港游生转让（稀罕珍品）

说明：

原是香港荷东花园遗物，
原配底塞。

品名：海南黄花梨笔筒
年份：康熙款式
规格：直径19×18.8
来源：由深圳古玩城杜小姐购得

说明：
属稀少精品，底塞后配。

品名：海南黄花梨笔筒
年份：康熙款式
规格：直径16.5×16.3
来源：由深圳古玩城杜小姐购得

说明：
底塞后配。

品名：海南黄花梨笔筒
年份：康熙款式
规格：直径15.7×15.6
来源：由深圳古玩城杜小姐购得

品名：海南黄花梨笔筒
年份：清早期
规格：直径7.2×10.3
来源：由上海中福古玩城吴先生转让

品名：海南黄花梨笔筒
年份：清中期
规格：直径7.6×10.3
来源：由上海中福古玩城吴先生处购得

品名：海南黄花梨竹节笔筒
年份：清代
规格：直径6.8×11.2
来源：由深圳古玩城小吕转让

品名：海南黄花梨笔筒
年份：清代
规格：直径15×14.8
来源：由深圳古玩城杜小姐购得

品名：海南黄花梨笔筒"整挖"
年份：清代
规格：直径9.2×10.3
来源：由深圳古玩城吕先生购得

品名：海南黄花梨笔筒"整挖"

年份：清代

规格：直径9.7×12.2

来源：由深圳古玩城吕先生购得

品名：海南黄花梨笔筒
年份：清代
规格：直径13.6×14.3
来源：由上海友谊商店购得

**说明：**
原配底塞

品名：海南黄花梨雕佛手笔筒
年份：清代
规格：直径13.8×13.4
来源：由上海中福古玩城老吴转让

说明：
　　雕灵芝佛手，口沿打洼

品名：海南黄花梨笔筒"整挖"

年份：清晚期

规格：直径8.5×10.8

来源：由上海云洲古玩城购得

品名：黄花梨大笔筒
年份：清代
规格：直径22×19.6
来源：由深圳古玩城地摊上购得

品名：海南黄花梨笔筒
年份：清晚期
规格：直径18.5×18
来源：由深圳古玩城吕先生购得

品名：海南黄花梨海水螭龙笔筒

年份：清中期

规格：直径18.8×17.2

来源：由上海中福古玩城吴生转让（稀罕珍品）

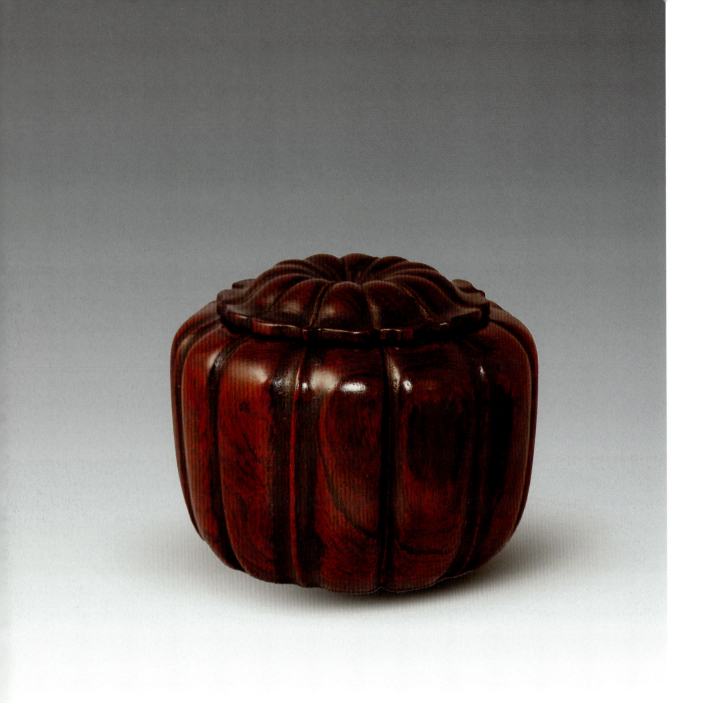

品名：黄花梨围棋盒一对
年份：明代
规格：9.5×7
来源：深圳古玩城小吕店购得（存世稀少）

**说明：**
明代宫廷专用，工艺精美。

品名：海南黄花梨大笔筒
年份：清中期
规格：直径23.2×20
来源：一九八九年在上海文物店购得

品名：海南黄花梨镜枱

年份：明末清初

规格：52.5×29.5×80

来源：由深圳古玩城小吕转让

（稀罕珍品）

**说明：**

　　此镜枱整器雕有一寿、一凤、二十七条螭龙。为什么明清两朝皇帝的朝珠多是二十七颗分四段，共计一百零八颗，这不是巧合，是有名堂的，镜枱雕的螭龙对称二十六条，为何在寿字下面一点雕加上小小螭龙，而演变二十七条，这肯定有缘果。特请古典家具学术权威指教。

品名：海南黄花梨笔筒
年份：清代
规格：直径16×15.3
来源：由深圳古玩城地摊购

说明：
　　底面有凹凸形，波浪纹，整器很精美。

品名：紫檀双鸡臂搁

年份：民国

规格：6.5×0.6×21.2

来源：由上海中福古玩城

吴先生赠送我小孩

品名：紫檀首饰盒
年份：民国
规格：34×23.5×10.5
来源：由深圳古玩城小朱转让

品名：紫檀药箱（里外后背全独板）
年份：清代
规格：24×19.3×28.5
来源：由深圳古玩城杜小姐购得

品名：紫檀小笔筒（牛毛纹）

年份：明代

规格：直径7.8×13.2

来源：由深圳古玩城小吕转让

品名：紫檀笔筒
年份：明代
规格：直径14.2×15.1
来源：由深圳古玩城老李转让（稀罕珍品）

说明：
底塞子母扣。

品名：紫檀树瘤笔筒
年份：清早期
规格：直径16×16
来源：由深圳古玩城老李转让

说明：
　　自己配了一只海南黄花梨框架（清代）。

品名：紫檀刻兰花笔筒
年份：清中期
规格：直径16 × 16.7
来源：由深圳古玩城地摊购得

由韩天衡先生后刻兰花图
题"为自正写 天衡"

｜ 219

品名：紫檀笔筒（牛毛纹）
年份：清晚期
规格：直径12.4×11.8
来源：由深圳古玩城小吕转让

品名：紫檀大笔筒
年份：民国
规格：直径18.7×18.3
来源：由深圳古玩城小吕转让

品名：紫檀葡萄叶洗（宗玉款）
年份：清康熙
规格：19.6 × 9.2 × 3.1
来源：由深圳古玩城老李转让（旷世孤品）

**说明：**

顾珏，字宗玉。嘉定（今属上海）人。活动于清康熙、雍正年间，刻竹精于浮雕，作品"刻露精深，细入毫发"。亦能为圆雕人物，栩栩如生，一器必经二载而成，不袭前人窠臼，而能独立门庭者。本器葡萄叶片只有一毫米厚度，可想制作难度之高。

品名：小叶紫檀小笔筒
年份：清代
规格：直径5.3×8.3
来源：深圳古玩城购得

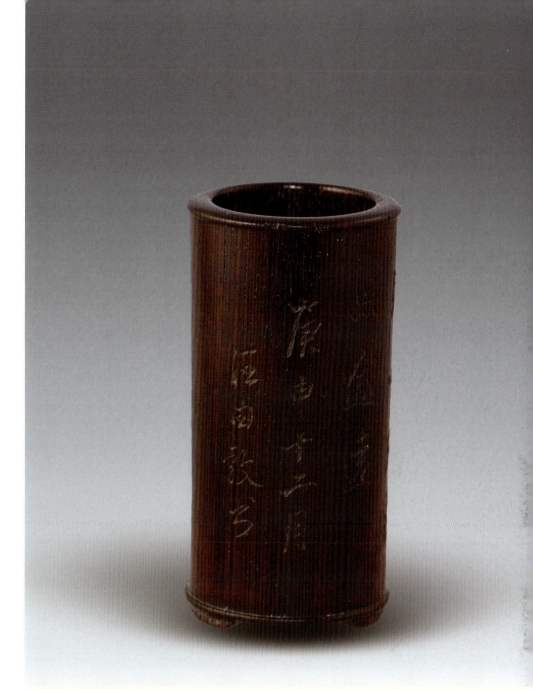

品名：小叶紫檀小笔筒
年份：清代
规格：直径4.5×10.5
来源：由上海中福古玩城购得

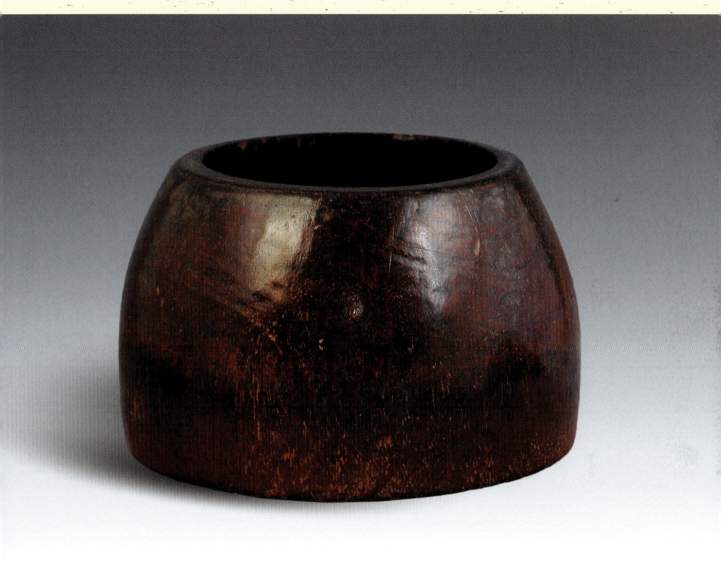

品名：沉香扇筒
年份：清早期
规格：口径12.5×底径16×高10.2
来源：由北方古玩城敖兄转让

品名：沉香笔筒（整挖）
年份：明代早期
规格：直径12×高16
来源：由古玩城敖兄转让

品名： "一路封侯" 沉香托盘
年份： 清康熙年
规格： 直径24.8×高3.8
来源： 由古玩城敖兄转让

品名：金丝棋楠沉香荷花盘（文山款）
年份：清早期
规格：24×12×2
来源：由深圳古玩城小吕转让（旷世孤品）

说明：
　　文山，清僧。居江苏扬州静慧寺，书学
退翁（僧弘信者）。

品名：枷楠香洗（孙诒让款）
年份：清代
规格：口径15.6×底径11.2×高4.2
来源：由北方古玩城敖兄转让（旷世孤品）

**说明：**

　　孙诒让，字仲容、仲颂、籀庼居士，浙江瑞安人。清同治六年（1867）举人，官刑部主事，隐居著述，著书凡十余种。晚年主温州学务处长。洗中用朱砂画上兰花一束，几片兰叶画上一串兰花，构图简洁，用笔流畅，挺挺刚劲，年久已褪色，用放大二倍镜看的很清晰。足为画家清高自傲的思想品德写照，更预示明清以后文人写意水墨花卉画的兴起，尤其此兰花画在洗中，显得此洗古朴素雅，更是士大夫们的爱好。